模型で考える

Thinking with Models
Integration of Material and Design

素材が導く建築デザイン

平瀬有人
Yujin Hirase

ブックデザイン：
中野デザイン事務所
中野豪雄
李敏楽

はじめに

　私が学生時代に教育を受けた「設計演習」という科目は、ドローイングや立体作品を制作することでそこに参画する学生自身の気づかない内面の世界を発見するチャンスをつくる場であった。この授業を経験して、私はさまざまな素材で模型を制作し、以来模型のマテリアルに強く興味を持つようになる。スチレンボードの模型でいくらスタディしていても抽象的な面の構成の域を出ないと考え、石こうやモルタルで彫塑的な模型をつくったり、ガラス屋に足繁く通ってガラスの模型をつくったり、金属を曲げたり錆びさせたり、積層した木を墨汁で染色したり、アクリルの量塊で展示模型をつくったりと、さまざまなマテリアルを試行するようになったのもこの授業がきっかけだった。

　2007年に1年間滞在していたスイスで、スイス連邦工科大学チューリッヒ校のほか北西スイス応用科学大学やバーゼル造形学校など各地の建築・デザイン系教育の現場を視察して感じたのは、建築模型におけるマテリアルの重要性である。日本の建築模型はスチレンボードによる白模型が大半である。スチレンボードは模型を制作しやすい手軽な素材であるが、素材の力から建築を発想する試みが顕著となっている昨今、白い面材だけでは限界がある。スイスにはそもそもスチレンボードが流通していない、ということからさまざまなマテリアルで建築模型がつくられていることもあろうが、スタディ模型の素材選びから設計は始まっているのである。

　本書では素材ごとに世界の魅力的な建築模型を紹介する。彫塑や着彩によって奥行きのある表現のできる〈木〉、手軽にアイデアを定着させることのできる〈紙〉、やわらかい造形をつくりやすい〈布〉、重量感や繊細な線材で素材感を伝える〈金属〉、鋳型によってマッシヴな量塊をつくることのできる〈石こう〉や〈モルタル〉、手の痕跡により彫塑的な造形が表現できる〈粘土〉、ザラザラと奥行きや深みのある素材感が魅力の〈耐火断熱れんが〉、透明性によって層の重ね合わせや不可視の構成を表現できる〈アクリル・樹脂〉、マッシヴなヴォリュームを手軽に加算・減算できる〈発泡ポリスチレン〉といった、スチレンボードではつくり得ない表現の数々である。

――――― 平瀬有人

目次

003　**はじめに**　平瀬有人

009　**Essay　素材が導く建築デザイン**

PART. 1

木
Wood
012

014　**ランドスケープとの連続を表現する航空ベニヤの積層**
五ケ山クロス ベース(2019)｜平瀬有人＋平瀬祐子／yHa architects

015　**淡黄白色の自然な木目の濃淡が生む質感と奥行き**
ルーフ・ハウス(2014)｜レス＆ゴリ

016　**木の素材感を残した黒染色の表現**
クヌート・ハムスン・センター (2009)｜スティーブン・ホール・アーキテクツ

017　**架構の力強さを伝える**
1111 リンカーン・ロード(2008)｜ヘルツォーク＆ド・ムーロン

018　**ダイナミックな木質シェルの架構**
キュプラーコルケア島動物園の展望台(2002)｜ヴィル・ハラ／アアルト大学

019　**原木を削り出した彫塑的模型**
ワニ(1998)｜藤森照信

020　**木架構フレームの連続**
海の博物館(1992)｜内藤廣建築設計事務所

021　**バルサで精緻につくられたアイコニックな造形**
焼津の住宅2 (1977)｜長谷川逸子・建築計画工房

022　**Characteristics of Materials 01　木の種類・特性**

024　**Work Instruction 01**
駿府教会(2008)｜西沢大良建築設計事務所

PART. 2

紙
Paper
026

028　**透明感とゆがみをつくり出すトレーシングペーパー**
クリーブランド・クリニック ル・ルボ脳研究所(2010)｜
フランク・ゲーリー＆ゲーリー・パートナーズLLP

029　**抽象表現への考察から生まれた小さな厚紙模型**
ファブリックシュトラッセ6／ノヴァルティス・キャンパス(2006)｜ペーター・メルクリ

030　**大量のファサード検討に使いやすい紙模型**
ラセリ・カルト邸(2002)｜コンラディーン・クラヴオット

031　**光沢が美しいスノーマットによる精緻な模型**
野沢温泉ロッヂ(1969)｜吉阪隆正

032　**Characteristics of Materials 02　紙の種類・特性**

034　**Work Instruction 02**
市村記念体育館(1963)｜坂倉建築研究所

036　**Column 01　菊竹清訓の手が考えるペーパーモデル**

PART. 3

布
Textile
038

040	**キャンバス布で大づかみのヴォリュームを検討**	
	リュマ・タワー／リュマ・アルル(2021)｜フランク・ゲーリー	
041	**ステンレスメッシュのやわらかな表情を布で表現**	
	クッチェ・ギャラリー K3 (2012)｜SO–IL	
042	**布と木棒を用いたテンセグリティ構造モデル**	
	MOOM Tensegritic membrane structure (2011)｜東京理科大学小嶋一浩研究室	
043	**伸縮性や弾力性の高いメッシュ編み素材**	
	モントリオール万国博覧会西ドイツ館(1967)｜フライ・オットー、ロルフ・グートブロード	
044	**Characteristics of Materials 03　布の種類・特性**	
046	**Work Instruction 03**	
	まちとしょテラソ(2009)｜古谷誠章＋NASCA	

PART. 4

金属
Metal
048

050	**エキスパンドメタルで菱葺きチタン屋根を表現**	
	弘前れんが倉庫美術館(2020)｜Atelier Tsuyoshi Tane Architects	
051	**金属メッシュで三次元曲面をつくる**	
	台中国家歌劇院(2016)｜伊東豊雄建築設計事務所	
052	**金属ワイヤーフレームでヴォリュームの構成を伝える**	
	シーヴィク・アート・センター・パヴィリオン(2008)｜	
	デイビッド・チッパーフィールド＋アントニー・ゴームリー	
053	**鉄板で表現するコールテン鋼の物性**	
	SHIP (2006)｜宮本佳明建築設計事務所	
054	**浮遊する厚板アルミニウムが表現する空洞建築**	
	物質試行 48 西麻布の住宅(2006)｜鈴木了二建築計画事務所	
055	**鉄とスティールロッドによる彫刻的な模型**	
	Black Maria (1994)｜中尾寛	
056	**Characteristics of Materials 04　金属の種類・特性**	
058	**Work Instruction 04**	
	ラフ・ロック公園(2004)｜RCR アーキテクツ	

PART. 5

石こう
Plaster
060

062	**ヴォイドとソリッドの関係を示すマッシヴな量塊**	
	レッド・クロス・ボランティアハウス(2017)｜Cobe	
063	**精度の高い白いキューブが放つ力強いヴォリューム感**	
	ビュンドナー美術館新館(2016)｜バロッツィ・ヴェイガ	
064	**石こうのパテを塗布した重厚な質感**	
	ラオホ邸(2008)｜ロジャー・ボルツハウザー	
065	**不定形なヴォイドのわかりやすい造形**	
	ベイビー・ドラゴン(2006)｜HHF アーキテクツ	
066	**Characteristics of Materials 05　石こうの種類・特性**	
068	**Work Instruction 05**	
	テルメ・ヴァルス(1996)｜ピーター・ズントー	

PART. 6

モルタル
Mortar
070

072　ホワイトモルタルのマッシヴな閉じた箱
メカニカル・ミュージック博物館(2016)｜ミゲル・マルセリーノ

073　骨材が露出しざらざらとした粗々しい表情
シエン・ハウス(2011)｜ペソ・フォン・エルリッヒスハウゼン

074　重量感あるコンクリートの壁に穿たれた光の十字架
光の教会(1989)｜安藤忠雄建築研究所

075　人工土地として持ち上げられた力強い躯体
吉阪自邸(1955)｜吉阪隆正

076　Characteristics of Materials 06　モルタルの種類・特性

078　Work Instruction 06
ブラザー・クラウス・フィールド・チャペル(2007)｜ピーター・ズントー

PART. 7

粘土・油土
Clay / Oil Clay
080

082　粘土で住宅のコンセプトを伝える
ブリック・ハウス(2014)｜レス＆ゴリ

083　マッシヴな三つのヴォリュームの構成
東京工業大学百年記念館(1987)｜篠原一男

084　手を加えられ続けた油土模型
谷村美術館(1983)｜村野藤吾

085　大地から生えてきたような粗々しさを油土で表現
大学セミナー・ハウス(1965)｜吉阪隆正＋U研究室

086　Characteristics of Materials 07　粘土・油土の種類・特性

088　Work Instruction 07
大隈重信記念館(1967)｜今井兼次

PART. 8

耐火断熱れんが
Insulating Firebrick
090

092　地形と蛇籠の粗々しい外壁を断火耐熱れんがで表現
御嶽山ビジターセンター やまテラス王滝(2022)｜平瀬有人＋平瀬祐子／yHa architects

093　耐火断熱れんがを掘削して自由な造形をつくる
クローバーハウス(2006)｜宮本佳明建築設計事務所

094　Characteristics of Materials 08　耐火断熱れんがの種類・特性

096　Work Instruction 08
イエローハウス(1999)｜ヴァレリオ・オルジャティ

PART.9

アクリル・樹脂
Acryl / Resin
098

100	**動線を緑色のアクリルで可視化** トニ・アレアル（2014）｜ EM2N
101	**ポリ塩化ビニルを溶着してシームレスな表情をつくる** コルーシュの住宅（2007）｜アイレス・マテウス
102	**透明感ある美しい海草のようなストラクチャー** せんだいメディアテーク（2000）｜伊東豊雄建築設計事務所
103	**アクリルで表現された不定形なガラスのドーム** 山梨フルーツミュージアム（1995）｜長谷川逸子・建築計画工房
104	**Characteristics of Materials 09　アクリル・樹脂の種類・特性**
106	**Work Instruction 09** シュレーダー邸（1924）｜ヘリット・トーマス・リートフェルト
108	**Column 02　坂野正明と建築家の協働**

PART. 10

発泡ポリスチレン
Polystyrene Foam
110

112	**発泡ポリスチレンで立体的な構成を検討** ローザンヌ大学国際スポーツ科学研究所（2018）｜カラムーク＋クオ
113	**発泡ポリスチレンによる箱形ヴォリュームのスタディ** M（2012）｜青木淳建築計画事務所
114	**発泡ポリスチレンによる引き抜きの造形スタディ** カサ・ダ・ムジカ（2005）｜OMA
115	**Characteristics of Materials 10　発泡ポリスチレンの種類・特性**
116	**Work Instruction 10** 木と光の積層（2012）｜佐賀大学平瀬研究室

Interview	118	**模型で描く「世界モデル」**　鈴木了二
	126	**物質観を研き澄ます**　内藤廣
	132	**考える道具としての模型**　青木淳

137	**写真クレジット**
139	**おわりに**

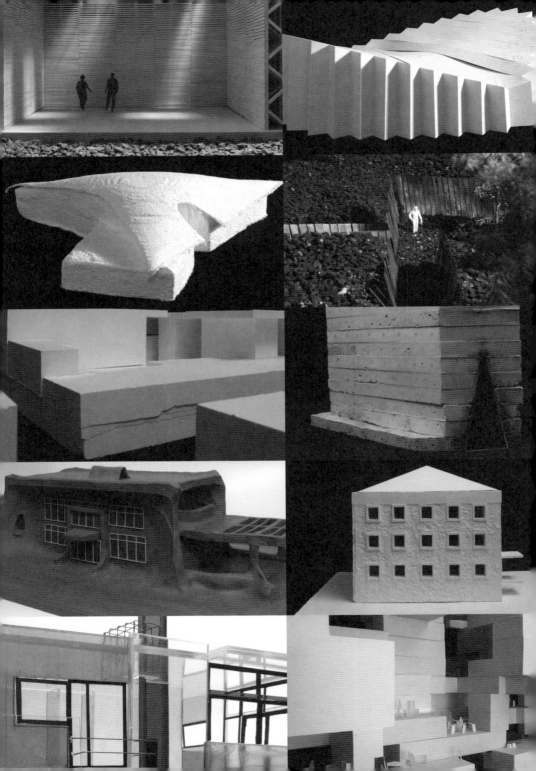

Essay
素材が導く建築デザイン

本書で取り上げる「建築模型」とは、実物の建築を忠実に再現したミニチュア模型ではなく、建築の構成や概念を伝えるためのコンセプト模型である。そもそも「模型」とは、「1 実物の形に似せて作ったもの。2 鋳造のための原型。鋳型。」（『デジタル大辞泉』小学館）と定義されているが、建築模型に照らし合わせて整理すると、前者が存在する実物の建築を模して形にするもの（ミニチュア模型）であり、後者はまだ見ぬ建築に先立つ原型としての建築模型（コンセプト模型）、と言えるかもしれない。

　模型は外来語では「モデル」と言うが、自然科学における「モデル」とは理論を説明するための簡単で具体的なもの、であり、「規範」を含意した概念である。そういう意味で建築模型は、単にその建築のコンセプトを伝えるのみならず、ひいてはその有り様が「世界モデル」として理念や思考などのモデルにもなり得る存在だと言える。

　一般に、建築模型はそうしたモデルをつくるための抽象化作業の多くを面材の組み合わせによる「構成」により行うことが多い。そのような作業はもちろん建築の全体像をつくるためには重要なフレームワークではあるが、単にそれだけだと抽象的な面の構成の域を出ることが難しいのではないか、というのが本書の問題意識である。そういう意味で、建築模型それ自体の存在感が重要であり、模型を構成する素材の選定は慎重に行うべきであろう。そもそも実物の建築を模しているわけではないので、必ずしも構想する実物の建築と同素材である必要はなく（木質の外壁だから木素材のように）、どういう意図でその素材が選定されたかが重要となる。

　鈴木了二氏が「その模型が現実に建ったその建物と同じ素材である必要はもちろんないけれども、しかしそのスケールの状態にふさわしい素材が選ばれるべきだろう」（『建築文化』1998年12月号）と言うように、建築模型は実物を模した姿としてだけの「単なる模型」にはならないためにも、マテリアルの変換は為されるべきものだろう。例えばミース・ファン・デル・ローエの《バルセロナ・パヴィリオン》（1929）。水平に長く伸びる薄い屋根を8本の鉄骨柱が支えるこの建築は、構造から独立した壁によって内外が流動的な空間を形成している。合理的に考えれば、この建築は面材の組み合わせでつくるだろうが、敢えて型枠を使ったキャスティングによる模型をモルタルでつくってみる。するとどうだろう、全く異なる存在としての建築が立ち上がって見えないだろうか。

かつて筆者は《武蔵境新公共施設設計競技》(NASCA＋早稲田大学古谷誠章研究室、2004) に参加した際、展覧会用にアクリルの塊模型をつくったことがある。このプロジェクトは縦横に切り裂くスリットによってソリッドなヴォリュームから塊をえぐり取るような立体的操作をした建築で、普通ならそのままソリッド・ヴォイド模型をつくるところだが、敢えてアクリルの塊のソリッド部分に半透明フィルムを貼ることで、透明なヴォイド部分越しに周囲の光景やアクリル底部に貼られたグラフィックが乱反射して重層する風景が生まれている。アクリルという素材を用いることで、建築内外全体に見え隠れのある表現となり、単なるソリッド・ヴォイド模型以上にこのプロジェクトのコンセプトを体現している。

　ドイツ・ワイマールに設立されたバウハウス教育の根幹をなしたのは、ヨハネス・イッテンの築いた予備課程であったといわれる。予備課程においては共通の造形基礎教育の教育指標の一つとして、イッテンは「木材、金属、ガラス、石材、粘土、繊維などそれぞれの学生にあった素材と出会いを促し、自己の創造性を伸ばすこと」と述べている。スイス連邦工科大学チューリッヒ校には、そのようなバウハウスの予備課程を礎としたアンドレア・デプラゼス教授による造形演習科目 (『Making Architecture』〈gta Verlag, ETH Zurich, 2010〉として書籍化されている) があり、素材が導く建築デザインを考える機会となっている。その授業のように、さまざまなマテリアルに触れながら「模型で考える」ことで生まれるデザインもあるはずである。

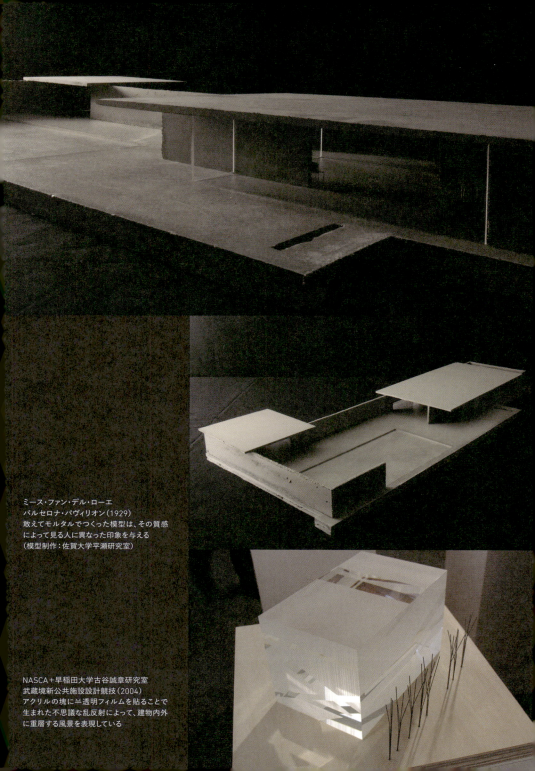

ミース・ファン・デル・ローエ
バルセロナ・パヴィリオン（1929）
敢えてモルタルでつくった模型は、その質感
によって見る人に異なった印象を与える
（模型制作：佐賀大学平瀬研究室）

NASCA＋早稲田大学古谷誠章研究室
武蔵境新公共施設設計競技（2004）
アクリルの塊に半透明フィルムを貼ることで
生まれた不思議な乱反射によって、建物内外
に重層する風景を表現している

PART.1 | Wood

木

● 駿府教会 | Church Sun-pu（静岡県静岡市／2008）
● 西沢大良建築設計事務所 | Taira Nishizawa Architects
（模型制作：佐賀大学平瀬研究室）　模型の制作手順→P. 24

　木の模型には、建築の木仕上げを模したものや構造を可視化する架構モデルのように、意図に応じたさまざまなつくりかたがある。
　建築で使われている木を模した模型は、木の持つ温かみや味わいを伝えることができる。一方、木造や木仕上げではない建築であっても表現として木を用いる模型もある。単純な立方体でも、木ならではの素材感によって、スチレンボードのようなのっぺりとした無味乾燥とした模型にはならない。組積の目地やパネルの割付などを刃物で罫書くことで、物性を浮かびあがらせ、より奥行きのある表現が可能となる。特異なものとして、原木を削り出すことで自然と融合した建築のコンセプトを表現した例もある。

ランドスケープとの連続を表現する航空ベニヤの積層

ダム湖畔に建つ観光拠点施設。スケールの大きな景観との調和を踏まえ、敷地形状をオフセットしたヴォリューム、地形が隆起したような造形によってランドスケープと建築が連続した一体感のある風景を創出している。航空ベニヤを積層した等高線(コンタ)模型のような表現は、地上から4mの高さに設けられた絶対水平面としてのルーフテラスの存在を際立たせている。

● 五ケ山クロス ベース│Gokayama Cross Base(福岡県那珂川市／2019)● 平瀬有人+平瀬祐子／yHa architects

淡黄白色の自然な木目の濃淡が生む質感と奥行き

黒いアスファルトシートによる屋根と黒れんがの外壁の建築を、厚さ0.5mm程度の航空ベニヤによって表現している。材料の小口が見えてくるため出隅の処理には気をつける必要があるが、表面に濃淡のあるシナ材の木の表情が模型に質感や奥行きを与え、四角錐台の形の屋根を印象的に表現している。

● ルーフ・ハウス｜Roof House（フレデンスボー・デンマーク／2014）● レス＆ゴリ｜LETH & GORI

木の素材感を残した黒染色の表現

2点とも、Courtesy Steven Holl Architects.

木の模型は、木の建材の持つ温かみや味わいを伝えることができる。木は厚みのある紙と同様、塗材との相性がよいため、生木の持つ生々しさを払拭しながらも自然なムラを反映させるには、この模型のように染色する方法も有効だ。墨汁、ジェッソ、柿渋などを塗布したのち拭き取ることで、木の素材感を残しつつ色ムラのある表現となる。さらに、塗布と拭き取りの回数を変えることで、表面の艶をさまざまに表現できる。

- クヌート・ハムスン・センター | Knut Hamsun Center（ハーマレイ・ノルウェー／2009）
- スティーブン・ホール・アーキテクツ | Steven Holl Architects

架構の力強さを伝える

立体駐車場と商業施設の複合施設である。鉄筋コンクリート造の建物であるが、模型は全て木材で表現している。薄い床と不規則に並ぶ細い柱とくさび形の柱が不安定な均衡を感じさせる。こうした構造を強く表現し、建物の特徴的な空間を表している模型である。さらに、1、5、7階にあるショップ・レストランのガラスファサードを省略し、建築の骨格を浮かび上がらせている。

● 1111リンカーン・ロード│1111 Lincoln Road（マイアミビーチ・米国／2008）● ヘルツォーク＆ド・ムーロン│Herzog & de Meuron

ダイナミックな木質シェルの架構

フィンランド湾とヘルシンキの街の壮大な景色を眺めることのできる高さ10mの展望台で、透明感のあるランドマークとなっている。アアルト大学（旧ヘルシンキ工科大学）ウッドプログラム（旧木造スタジオ）の学生による建築設計コンペ受賞作品で、自然環境からインスパイアされた有機的な木質グリッドシェル構造を模型でも表現している。構造の詳細を検討するためにつくられた模型であり、この建築のダイナミックな造形が明快に伝わる。

- キュプラーコルケア島動物園の展望台｜Kupla-Korkeasaari Zoo Lookout Tower（ヘルシンキ・フィンランド／2002）
- ヴィル・ハラ／アアルト大学｜Ville Hara/Aalt Arts

原木を削り出した彫塑的模型

撮影協力：「建築模型展 - 文化と思考の変遷 - 」WHAT MUSEUM／2022 所蔵：茅野市美術館

1本の丸太から削り出してつくられた模型からは、重力の存在を強く感じさせられる。木の模型は線材と面材を使った構成的なものになりがちだが、この模型は一つの塊から掘削して現れる彫刻のようなものである。引き算的な制作方法で、藤森照信自らチェーンソーとノミで制作したこの模型は、これまで手がけた《神長官守矢史料館》《秋野不矩美術館》などを並べたものである。スケールやプロポーションは異なるが、自然と融合した各建築の魅力を強く伝えている。

浜松市秋野不矩美術館

● ワニ（初期五作—ニラハウス、一本松ハウス、浜松市秋野不矩美術館、神長官守矢史料館、タンポポハウス）| Wani（1998）
● 藤森照信 | Terunobu Fujimori

木架構フレームの連続

プレキャストコンクリートの架構の重なりによる収蔵庫3棟（奥）と集成材トラスの大架構フレームによる展示棟2棟（手前）を木の架構モデルによって表現している。架構の連続によって、凛とした「素形*」としての空間が感じられる。木部材のサイズの違いによってプレキャストと木材のスケールの違いが模型にも表れている。敷地模型は白みがかったシナベニヤで制作することで、建築の姿が対比的に立ち現れている。

*祖型と素粒子をもとにした内藤廣による造語。

● 海の博物館｜Sea-Folk Museum（三重県／1992）● 内藤廣建築設計事務所｜Naito Architects & Associates

バルサで精緻につくられたアイコニックな造形

2点とも、写真提供：長谷川逸子・建築計画工房

柱、壁、屋根をすべてバルサで表現している。バルサは柔らかく簡単に加工ができる反面、切断面の小口の精度が求められるが、この模型は精密につくられている。特に純粋形態としての三角形を表現するためには、出隅部の面の勝ち負けのつくり方が重要となる。銀色、白色にペイントされた三角形立面で構成された建築のアイコニックな造形を、模型ではシンプルに単一素材で制作することで形の強さを伝えている。

- 焼津の住宅2 | House at Yaizu 2（静岡県／1977）
- 長谷川逸子・建築計画工房 | Itsuko Hasegawa Atelier

Characteristics of Materials 01
木の種類・特性

表情・精度に応じた木の素材

一概に木といっても、その特性は素材によってさまざまだ。バルサは熱帯地域が原産の高木で、成長が早く非常に軽くやわらかく、映画セットや模型飛行機にもしばしば用いられている。加工が容易なので比較的使いやすいが、その反面精度が出ず、チープさは拭えないため、仕上材ではなく下地材として用いたほうがよい。

コルクはシート状で加工がしやすいため、地形表現やコンタ(等高線)模型によく用いられる。家具や建具に用いられている0.2〜0.6mmに薄くスライスした板材の突板を貼ると、さまざまな天然木の表情を表現することができる。

航空ベニヤは、表・裏・芯材すべてに単板を使用した切削性のよい合板で、模型飛行機の制作に用いられる

模型に適した6種類の面材

手前からラワンベニヤ、シナベニヤ、MDF、コルク、バルサ、桐板。木目が細かく均質で軟らかなシナベニヤ(厚さ1.7〜5.5mm)や表面が平滑で内部が緻密なMDFの厚手のもの(厚さ5.5mm程度)は模型の土台に使いやすい

加工しやすい柔らかいバルサ

バルサは多孔質な材料のため、軽くて刃物で切りやすくさまざまな形を簡単に切り抜くことができる。また、乾いた状態で曲げると割れやすいが、水に濡らすと簡単に曲げることができ、乾くとある程度固まる特性がある

リアルな表情を持つ航空ベニヤ

航空ベニヤは0.4〜3mmほどの厚さが入手しやすく、木目や節・色合いなど本物の木の表情を持つリアリスティックで精度の高い表現が可能である。1mm以上の厚さになるとカッターナイフでのカットは堅くて難しいが、薄い材を使えば部分的な曲面の加工もできる

ことが多い。厳密には航空機の構造材として使用する航空機用合板（plywoods for aircraft）の仕様を指しているが、シナ材を使ったものが比較的手に入りやすい。

ヒノキ棒はその名の通り日本を代表する木材の一つであるヒノキ材を棒状にしたもので、引張り強さ、粘り強さなど優れた特性を持つ。多様な断面形状があり、細い線材を並べて面材とすることで繊細な壁の表情を表現することもできる。航空ベニヤとヒノキ棒は素材感が近いため、あわせて用いるには相性がよい。

また、木は塗材による効果も高い。ジェッソ、柿渋などを塗布したのち拭き取ることで、木の存在感を残しつつ自然な素材の持つムラのある表現となる。

架構モデルに適した線材

角材を組み合わせた架構モデルはその建築の持つ構造・力の流れを可視化することができる。木造建築の架構モデルは実物を模したものであるが、鉄骨造や鉄筋コンクリート造においても柱梁を表現するために木の角材でつくられることもある。材質はヒノキ棒（写真右から5・6番目）が一般的で、バルサ棒（写真右から3・4番目）は軟らかく加工しやすいが精度を出すのが難しい。白木やマホガニーなどの素材でリアルな表現もできる

架構モデルに適したヒノキ棒

ヒノキ棒は0.5×2.0mmなどの扁平角材や1×1mm、2×2mm、3×3mm、5×5mmなどの角材があり、構造架構モデルをつくりやすい。染色することで抽象度が高く、コンセプチュアルな模型にすることも可能

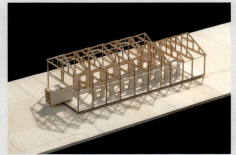

精度の高いレーザーカッター

レーザーカッターを用いれば、木の板材にモデリングしたベクターデータを忠実に再現する繊細なカットができる。ただ、発生する熱や煙の影響で切断面が炭化して焦げのように黒くなってしまうことを留意する必要がある

Work Instruction 01
木の表情を生かした繊細な表現

《駿府教会》は、数年で黒灰色へ炭化するムラのある色調のレッドシダーの外壁や光を柔らかく透過するルーバー、角材によるトラス架構といった木の特性を生かしたさまざまな表情が特徴の建築である。その木の表情を、ヒノキ棒などを使って再現する。

● 駿府教会（2008）｜西沢大良建築設計事務所　　　写真提供：西沢大良建築設計事務所

用意するもの：
①ヒノキ棒｜黄ボール紙｜②航空ベニヤ｜③墨汁｜水｜
④黒ジェッソ｜⑤接着剤（木工用ボンド、速乾アクリアなど）｜
両面テープ｜⑥ハケ｜⑦筆

完成

1. 外壁を準備する

ヒノキ棒をランダムな長さにカットし、水で薄めた墨汁に漬ける。微妙に濃度を変えた墨汁をいくつか用意しておく。乾かす際に布などで擦るように拭き取ることもポイント

2. 外壁面をつくる・整える

黒く塗った黄ボール紙全面に両面テープを貼り、1のあとに乾燥させたヒノキ棒を黄ボール紙よりはみ出すように並べて貼っていく。すべて貼り終えたら、紙の形に合わせてカッターでカットし整える

3. 屋根の作成

屋根のサイズに切った航空ベニヤに黒ジェッソを塗る。片面だけだと反ってしまうため、両面塗ることがポイント

4. トップライトの作成

3の航空ベニヤをカットする。少しずつ切り込みを入れるように切っていくことがポイント。切断面に筆や爪楊枝など先端の細いものを使って黒ジェッソを塗るときれいに仕上がる

5. トラス（壁面）の作成

トラスのガイドラインを紙に描き、カットしたヒノキ棒をガイドラインに沿って接着していく。細かな部材はピンセットを使いながら作業すると接着しやすい

6. 内壁面の作成

2で作成した外壁の裏側に5のトラスを接着する。トラスの上に1〜3mmのヒノキ棒を並べていく。下部は幅3mmの材を、上部になるにつれ間隔を広げながら細い材を接着する

7. 天井面のルーバーの作成

壁面のトラス（5）と同様、ガイドラインを描いた紙の上に1mm角のヒノキ棒を並べながら接着する。2と同様に、ガイドよりはみ出すように並べる

8. ルーバーのはみ出しを整える

長めに接着していたヒノキ棒を切り落とし、天井面をきれいに整える。一気に切るよりも棒を押さえつけるように切っていくほうが、きれいに仕上がる

9. 屋根と壁を接合する

6で作成した壁を垂直に立て、8の天井と4の屋根を架ける。壁面上部に屋根の断面小口が出ないよう、壁面が屋根に被さるような納まりとしておく

PART.2 | Paper

紙

● 市村記念体育館 | Ichimura Memorial Gymnasium（佐賀県／1963）
● 坂倉建築研究所 | Sakakura Associates
（模型制作：佐賀大学平瀬研究室）　模型の制作手順→P. 34

紙の模型はまずなんと言っても手軽につくれるところが魅力である。アイデアが生まれたときは素早くモノに定着させることが何よりも重要だ。手元にあるメモ用紙やチラシでサッとつくった模型にはコンセプトのエッセンスが明快に表現されるのに、改めて姿勢を正して模型をつくるとそのアイデアのスピード感が失われてしまうことは往々にしてある。かつてフランク・ゲーリーは、子どもが手遊びをするかのように、タバコの箱を組み合わせているうちにアイデアの着想を得たと聞いたことがあるが、走り去るアイデアをつかみ取るためのツールとして、紙の手軽さは他の素材にはない強みである。

透明感とゆがみをつくり出すトレーシングペーパー

撮影協力：企画展「建築家 フランク・ゲーリー展 "I Have an Idea"」21_21 DESIGN SIGHT／2015〜2016

ドラマティックにうねる屋根、ファサードの造形をスタディするために、このプロジェクトでは木、樹脂シート、紙によるさまざまな模型がつくられている。そのなかでこの模型は透明性とゆがみを加える検討のためにトレーシングペーパーが用いられている。あらゆるアイデアの蓄積を経て、このスタディで検討された造形は、ゆがんだグリッド格子の開口部として実現している。

● クリーブランド・クリニック ル・ルボ脳研究所｜Cleveland Clinic Lou Ruvo Center for Brain Health（ラスベガス・米国／2010）
● フランク・ゲーリー＆ゲーリー・パートナーズ LLP｜Frank Gehry & Gehry Partners, LLP

抽象表現への考察から生まれた小さな厚紙模型

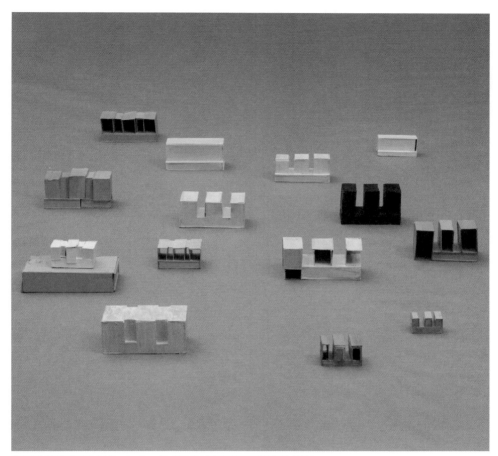

写真提供:「建築がうまれるとき ペーター・メルクリと青木淳」東京国立近代美術館／2006

質素な材料のカードボード（厚紙）を塗装した小さなサイズのスタディ模型。一見荒っぽい方法で組み立てられているが、画家ジョルジョ・モランディの絵画のモチーフを立体化したような独特な雰囲気がある。友人の彫刻家ハンス・ヨーゼフソンの影響もあり、彫刻的表現のアプローチを援用して、幾何学的形態、抽象化の考察によって生まれたマケット（西洋美術の用語でおおむね模型にあたるもの）である。

- ファブリックシュトラッセ6／ノヴァルティス・キャンパス | Fabrikstrasse 6, Novartis Campus（バーゼル・スイス／2006）
- ペーター・メルクリ | Peter Märkli

大量のファサード検討に使いやすい紙模型

ファサードの検討用につくられた大量の紙の模型。開口部の分布はランダムのように見えるが、論理的にグリッド上に計画されており、内部機能との関係で明滅したような表情を見せているところが特徴である。コピー用紙などどこにでもあるような紙で簡易につくられたラフなモデルであるが、このようにファサードのプロポーションや窓のレイアウトをさまざまなパターンで検討するときには有効な手法である。

● ラセリ・カルト邸 | One-family house Raselli-Kalt（リ・クルト・スイス／2002）● コンラディーン・クラヴュオット | Conradin Clavuot

光沢が美しいスノーマットによる精緻な模型

「吉阪隆正展 ひげから地球へ、パノラみる」(東京都現代美術館／2022)展示風景より

やや光沢のある厚紙、スノーマット(#300／厚さ0.32mm)は硬めの紙質なので精度高い表現が可能で、ヴォリュームだけでなく開口部を凹ませるなど細部まで緻密に制作している。敷地模型は傾斜勾配を微分したように、段ボール(Aフルート／厚さ5mm)を縦に積層することで、建築と地形を対比させる表現となっている。建築の緻密さと地形の粗々しさが吉阪隆正の考える建築と大地の関係を表現している。

● 野沢温泉ロッヂ | Nozawa Onsen Lodge(長野県野沢温泉村／1969) ● 吉阪隆正 | Takamasa Yosizaka(模型制作：諏佐遙也)

Characteristics of Materials 02
紙の種類・特性

手軽にスタディしやすい紙の素材

折り紙のように立体的な形態を検討するのはもちろん、起こし絵のように同じ立面を大量につくってファサードの開口デザインの検討に活用するなど、手軽にスタディできるのは紙ならではの特長である。紙を素材とするペーパークラフトやカードモデルに比べ、建築模型はやや厚めの紙を使うことが多い。画材のケント紙やマーメイド紙は丈夫で厚みがあり、水溶性顔料の定着がよいため色のある模型に使いやすいが、反りやすいので両面塗布するなど工夫が必要である。

スノーマット、ゴールデンボード、黄ボール紙、白ボール紙などの厚紙も模型には使いやすい。段ボールは波状に加工した紙を表裏の紙で挟んで接着し、強度を持たせたものであり、廉価な素材なので大きな敷

模型に適した紙の種類
手前よりケント紙、ゴールデンボード、スノーマット、マーメイド紙、コピー用紙、白ボール紙、黄ボール紙、段ボール。一概に白色といっても、艶の有無や純白・オフホワイト(灰色がかった白)・アイボリーなどの色味によって表情が異なる

純白色のスノーマット、ゴールデンボード
スノーマットは両面艶のある純白色の厚紙だが、厚さ約0.5mmと薄くて発色がいいためなにかと重宝する素材である。ゴールデンボードは反りのない厚さ約1mmの厚紙で、表面も切り口も純白色のため貼り合わせに都合がよい

ジェッソの重ね塗りにも適した黄ボール紙
黄ボール紙は硬めでしっかりした黄色の厚紙(厚さ0.8〜2mm程度)。水溶性顔料の定着がよく、ジェッソを重ね塗りすると重厚感のあるテクスチャーが生まれ、高い完成度が求められる展示用模型にも活用できる。

地模型などにも使いやすく、ザックリとした大づかみの形態を素早く検討するには便利である。ハニカムボードは段ボールに似ているが内部がハニカム構造になっているため、大きな模型や模型を載せるベースに適した非常に堅牢な強度を持つ。

コピー用紙のような複写機用普通紙は最も手に入りやすい素材であり、切ったり貼ったりが容易なのでスタディには最適である。トレーシングペーパーは図面などを透かして複写するための薄い半透明の紙で、透過性を生かしたスタディに便利である。薄い紙ならではのふわふわとしたフラジャイルな形態の模索も他の素材にはない魅力の一つである。

加工しやすい段ボール
段ボールの厚さは主にシングルの約1、3、5mm、ダブルの約8mmの4種類が入手しやすい。廉価な素材なので高低差のある地形をコンタに沿ってつくるなど大きな敷地模型にも使いやすい

白・グレーのボール紙
木材パルプでつくった板紙。厚さ1mmの片面白色・裏面グレー色の白ボール、両面グレー色のグレー台紙などいろいろなボール紙がある。薄くてカットしやすく面剛性があるため、形態スタディに手軽な素材である

凸凹のあるスーパーボブ、リップルボード
片面に凸凹の入った段ボールシートで、波板や階段の表現に使用できる。さらに細かな波目のウルトラボブなどもある。ここでは、リップルボードを用いて中山英之《弦と弧》(2017)の模型を制作(左右とも、模型制作：佐賀大学平瀬研究室)

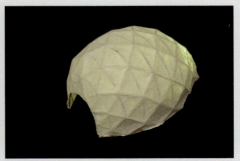

貼り重ねた紙を立体的に成形
郷土玩具に用いられている張り子は、竹や木で組んだ枠に紙を貼りつけ成形する。和紙や新聞紙を水で薄めた木工用接着剤で重ねて貼ることで有機的な建築形態の表現にも活用できる。写真は、ワークヴィジョンズ《嘉瀬川バルーントイレ》(2016)の模型

Work Instruction 02
折板構造の力の流れを体感

《市村記念体育館》は、ジグザグした鉄筋コンクリートの折板の壁と鞍形の
HPシェル（双曲放物面シェル）と呼ばれる曲面の吊り屋根が特徴の近代建築の一つである。
東西方向には凸形、南北方向には凹形に曲がった三次元的に複雑な屋根の形を紙で再現する。

● 市村記念体育館（1963）｜坂倉建築研究所　　　　　　　　　　　　写真提供：坂倉建築研究所

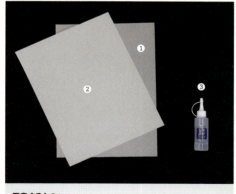

用意するもの：
①マーメイド紙｜②スチレンペーパー｜③発泡素材用接着剤

1. マーメイド紙を切り取る

展開図にもとづいて、マーメイド紙を切り取る。SketchUpなどの3Dモデリングソフトで展開ツールを使えば容易に展開図を作成することができる

2. ジグザグに折り込む

カッターで折り目を付け、ジグザグに折り込む。紙を切らないよう使う紙の厚さに応じて力の加減を調整しつつ、折り目の山側からけがき(折り目)を入れる

3. 壁の完成

すべての折り目を折った状態。平らな板を組み合わせた折板構造の建築と同じように、紙を屏風状に折り曲げることで壁面の剛性が増し、自立する

4. 壁に床面を取り付ける

厚さ1mmのスチレンペーパーを平面図に沿って切り取り床面とし、発泡素材用接着剤を用いて壁を接着する。壁を床面に載せるのではなく、床面の小口に壁勝ちで接着すると安定する

5. 壁と床面を接着し乾燥させる

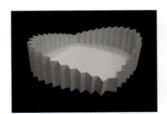

壁と床面を接着し、乾燥させる。ジグザグ状の紙の小口から軽く力をかけてみるとわかるが、全体が固定されることで、建築の折板構造同様、上からの力に強い形態となる

6. 屋根をつくる

マーメイド紙を屋根形状に切り取り、曲面をつくるために短手方向に等間隔で切り込みを入れる。どれくらい細かく分割するかによって、曲面の精度が決まる

7. 吊材を切り出す

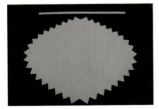

6で曲面を短冊状に分割したままでは自重で屋根が垂れてきてしまう。屋根の曲面を維持するために、吊材用の幅10mm程度の帯(写真上)を切り取る

8. 屋根と吊材を接着する

屋根の裏側の両端を7で切り出した帯(吊材)と接着し、屋根の曲面をつくる。吊材で固定することで、屋根面全体にテンションがかかり、曲面を維持することができる

9. 屋根を取り付ける

屋根と壁を接着剤を用いて取り付ける。薄い紙同士なので点接着でもある程度固定できる。短冊状に分割した屋根も部分的に接着することで、柔らかな曲面を表現できる

Column 01

菊竹清訓の手が考える
ペーパーモデル

建築のアイデアは、何気なくつくった小さい模型から始まることもある。菊竹清訓による展覧会（モスクワ・ロシア）会場構成案（2005）の習作は短冊状にカットされた紙とガーゼによる簡単なものだが、やわらかな空間がわかりやすく伝わってくる。

池袋で検討された第2東京タワーと周辺開発（2005頃）の習作もまた、手元にあったカレンダーに半円形や菱形の切り込みを入れてチューブ状にしただけではあるが、出隅や曲面に切り込みがあることで開口同士の立体的な関係性を感じさせる。モスクワでの高級マンション構想《パラダイス・リビング》(2006〜)は紙や半透明のシートで「手」の形のようにラフにつくられた模型ではあるが、3Dでレンダリングされたイメージの骨格がすでに感じられる。

紙でつくられた模型の逸話はいくつかあり、今井兼次の《日本二十六聖人記念館・聖堂》(1962)の模型は、1960年の冬休みに手近にあった年賀状を利用して今井が自らつくったと言われている（『建築家 今井兼次の世界Ⅲ──祈りの造形』(多摩美術大学今井兼次共同研究会、2009)）。

内藤廣も菊竹清訓建築設計事務所勤務時、正月明けに年賀ハガキ模型をもらったと語っている(P.126)。菊竹自身が挨拶状をハサミで切ってセロハンテープで貼り付けた模型（次頁下左）からは、道路側からタワーが複数重層したような対称形のシンボリックな建築のアイデアがよく伝わってくる。

脳裏をよぎるアイデアを素早くつかみとるためには、身近にある素材を使って何気なく「手が考える」模型が重要なのかもしれない。

日露修好150周年記念としてロシア・モスクワで開催された展覧会の会場構成案(2005)スタディ模型

菊竹清訓
（きくたけ・きよのり／1928〜2011）
1928年、福岡県生まれ。1950年、早稲田大学理工学部建築学科卒業。竹中工務店、村野・森建築設計事務所を経て、1953年、菊竹建築研究所創立（1962年、菊竹清訓建築設計事務所に改称）。おもな受賞：アメリカ建築家協会汎太平洋賞受賞（1964）、日本建築学会賞作品賞（出雲大社庁の舎、1964）、毎日芸術賞（京都信用金庫、1979）など。

カレンダーや段ボールなど、身の回りにある紙を使った習作模型の数々。左上の模型は、池袋で検討された《第2東京タワー》とその周辺

《第2東京タワー》スタディ模型(2005頃)。周辺模型には段ボールを再利用

《パラダイス・リビング》スタディ模型(2006)。タワー上部の留め金は、コーヒーの袋を留めるクリップを再利用

《ワールドトレードセンター跡地計画プロポーザル案》スタディ模型(2002)

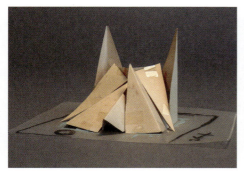
挨拶状を用いたスタディ模型。透明シートに敷地境界線と方位が記されている

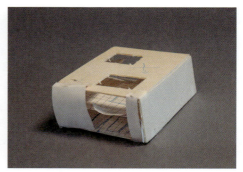
親族の住宅案。テープで貼り付けた簡易なものだが、アイデアの源泉を垣間見ることができる

PART.3 | Textile

布

布は扱いづらいが、やわらかい造形をつくるにはもってこいの素材である。これまでフライ・オットーのケーブルネット構造や膜構造のような、軽やかな構造を構築するときの模型に使われることが多かったが、ゲーリー・テクノロジーで試みられているような、模型を建築物として具現化するプロセスを共有できる設計システムが確立したことで、手でスタディした布の集積のような造形であっても、金属パネルやガラスに合理的に置換して構築することが可能な時代となってきている。

PART3 | 布 | Textile

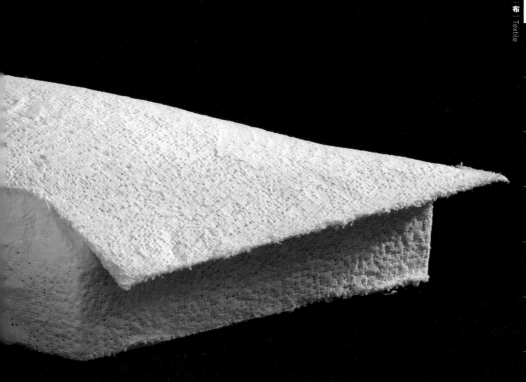

● まちとしょテラソ | Machi Tosho Terrasow（長野県／2009）
● 古谷誠章＋NASCA | Nobuaki Furuya＋NASCA
（模型制作：佐賀大学平瀬研究室）　模型の制作手順→P. 46

キャンバス布で大づかみのヴォリュームを検討

撮影協力：企画展「建築家 フランク・ゲーリー展 "I Have an Idea"」21_21 DESIGN SIGHT／2015〜2016

木のブロックでヴォリュームの検討をしたのち、キャンバス布（太い糸で高密度に織られた厚手の平織り布）をまとわせて外壁を検討。ファン・ゴッホの小刻みなストロークで描いた風景をインスピレーションとして、多面性を持つ建物の外壁デザインを考えるために布が使われた。おそらくこのモデルはスタディの初期のものと思われ、この多面体の塔は1万枚以上のステンレスパネルが不規則に配されたファサードとして竣工している。

- リュマ・タワー／リュマ・アルル | Luma Tower, Luma Arles, Parc des Ateliers, Arles（アルル・フランス／2021）
- フランク・ゲーリー | Frank Gehry

ステンレスメッシュのやわらかな表情を布で表現

韓国伝統の古い街並みが残るサムチョン地区に建つ、ステンレスメッシュで街とやわらかくつなげた鉄筋コンクリート造の現代美術アートギャラリー。歴史的なエリアに立地するため、白いキューブの存在感を和らげるようなドレープ状の金属リングによるファサードとしている。メッシュのやわらかな表情をこの模型では布をまとわせて表現している。古い街並みの多様な形に呼応したこの形態により、光と影の落ちる明るい外観をつくり出している。

● クッチェ・ギャラリー K3 | Kukje Gallery - K3（ソウル・韓国／2012）● SO−IL

布と木棒を用いたテンセグリティ構造モデル

写真提供:東京理科大学小嶋一浩研究室

「離散的に配置された圧縮材」と「メンブレインの引張材」の組み合わせによるテンセグリティを用いた世界初の膜構造を試行するために、圧縮材としての棒(実物は直径25mmのアルミパイプ)を木で、引張材としての膜を布でさまざま検討した模型。棒を膜に固定し、端部の棒を支持してアーチ状にすると膜に引張力が生じて自立する。この《MOOM》は、超軽量でアマチュアでも組み立てのできる新しい膜構造の実験的な空間である。

- MOOM Tensegritic membrance structure(千葉県/2011)
- 東京理科大学小嶋一浩研究室 | Kazuhiro Kojima Lab, Tokyo University of Science

伸縮性や弾力性の高いメッシュ編み素材

2点とも、saai | Archiv für Architektur und Ingenieurbau, Karlsruher Institut für Technologie, Werkarchiv Frei Otto ©Atelier Frei Otto Warmbronn

ポールによるマストと漏斗のような空洞のあるキャノピーだけによってつくられた、パヴィリオンの形態生成のためのスタディモデル。キャノピーは半透明ポリエステルのメンブレインとメッシュ状のスチールケーブルによってつくられており、模型では針金とナイロンストッキングのような伸縮性、弾力性の高い素材で表現している。自然科学から着想を得た、物理的にも意匠的にも軽やかな構造である。

- モントリオール万国博覧会西ドイツ館 | German Pavilion, Expo '67（モントリオール・カナダ／1967）
- フライ・オットー、ロルフ・グートブロード | Frei Otto, Rolf Gutbrod

Characteristics of Materials 03
布の種類・特性

布地で柔らかい造形をつくる

フライ・オットーは「実際に建てようとする建造物のモデル（模型）を作ってみることはとても大切だ」と語る（「フライ・オットー建築を語る」高松宮殿下記念世界文化賞受賞記念講演会／2006年10月19日）。オットーは膜構造などの吊り構造を用いた軽量建築物の世界的権威であり、自然科学から着想を得た物理的にも意匠的にも軽やかな構造を数々の模型によるスタディから生み出した。特に伸縮性の高いナイロンのような布地でつくられた《モントリオール万国博覧会西ドイツ館》(1967)(P.43)の模型はオットーの代表的なものであろう。

離散的に配置された圧縮材とメンブレインの引張材の組み合わせによるテンセグリティを用いた世界初の膜構造である《MOOM》(P.42)は、圧縮材を互いに接

厚手で強度のある帆布
平織りで織られた厚手の布。帆船の帆のためにつくられた丈夫な布で、油絵のキャンバス生地としても使われている。強度があり、布を集積させるだけで自立することから、フランク・ゲーリーもスタディに使っている

伸縮性の高いメッシュ生地
網目の大きいメッシュ生地の中でも特に糸と糸が交差する点を融着し目ズレやホツレのない加工をしたメッシュ（ポリエステル、ポリプロピレン）は伸縮性も高く、柔らかな形状をつくりやすい

やわらかさを表現できるナイロン芯地
洋服などの衣料品をつくるときの副素材である芯地の中でも透明性が高く極薄・超軽量なナイロン芯地は、ドレープ性を生かして柔らかさを表現できる

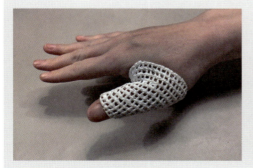

石こうテープで柔らかな形をつくる
目の粗いガーゼ布に焼石こうを塗布した石こうテープは、整形外科などでギプスとして用いられる材料だが、石こうと水が反応して簡単に硬化するため、有機的な柔らかい形態のスタディにも使いやすい

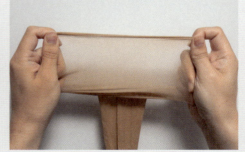

伸縮性の高いストッキング
おもに防寒目的に使われるストッキングは、伸縮性の高いポリウレタン糸に丈夫なナイロン糸を巻いて編んだものである。張力をかければシェル構造のような曲面の形状を簡単に作成可能である

触しないよう膜に固定し、端部の棒を支持してアーチ状にすることで膜に引張力が生じて自立するものである。この現象はビニールシートを使った模型によって検証されている。

石こうテープは布と石こうの合わさったもので、焼石こうが水に反応することで硬化する、面白い複合素材である。水に浸して芯材や原型などに接着させ、乾燥するとガーゼ布自体が芯材としての役割を持ち、剛性と強度を持った形をつくることができる。従来の布は剛性がないため、布で模型をつくるにはそれをサポートする構造体が必要だったが、石こうテープはそれ自身が薄い中空の殻構造体となるため、新しい発想の手助けをしてくれそうな予感がある。

薄いナイロン生地の彫刻

アーティストのスゥ・ドーホーによる薄い布を使用した「ファブリック・アーキテクチャー」シリーズの作品《Hub-1, Entrance, 260-7, Sungbook-Dong, Sungboo-Ku, Seoul, Korea,2018》。空間の手触りと繊細な細部を再現する作品は建築的である

Courtesy Lehmann Maupin

Work Instruction 03
伸縮性の高い布でやわらかい造形をつくる

やわらかい形状の屋根が特徴の図書館《まちとしょテラソ》の模型を布で制作する。
ガーゼ布に焼石こうを塗布した石こうテープを型枠に合わせて貼り付ければそのまま硬化して剛性を持つため、やわらかい造形を表現でき、布の持つ特性をそのまま固体化できる。

● まちとしょテラソ（2009）｜古谷誠章＋NASCA

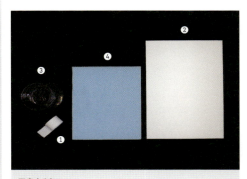

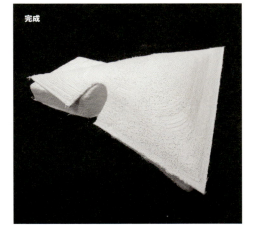

用意するもの：
①石こうテープ｜②スチレンペーパー（厚さ1mm）｜③水｜
④スタイロフォーム｜接着剤（スプレー糊など）｜
紙ヤスリ（150〜200番台）｜剥離剤（ニス、グリース、洗剤など）

1. 型の切り出し

立体的な雌型をつくるため、スチレンペーパーを切り出す

2. 雌型をつくる

積層させたスチレンペーパーを接着する。紙ヤスリでコンタ状の段差を滑らかにする。石こうテープ貼付け後の剥離を容易にするため、剥離剤を面全体に筆で均等に塗っておく

3. 石こうテープの切り出し

剥離剤を乾燥させたあと、型に合わせ適当なサイズに石こうテープをハサミで切る

4. 石こうテープの貼り付け

石こうテープは、水につけ乾燥させることで硬化する材である。水に浸した石こうテープを指で押し付け、型にピタリと合うように付ける

5. 石こうテープを乾燥させる

外部のほうが早く乾くが、割れが出る可能性があるため、室内でゆっくりと乾燥させる

6. 石こうテープをカットし屋根を張り合わせる

乾燥させた石こうテープを型通りにカットしていく。切れ目に糸が露出しないよう丁寧に切り出す

7. 屋根と本体を一体化

雄型の屋根と発泡ポリスチレン「スタイロフォーム」でつくった建築のヴォリュームを貼り合わせる

8. 内部から光を当てる

薄い石こうテープは光が透過するため、光を照射するとプレゼンテーション用の演出効果が増す

PART.4 | Metal

金属

● ラフ・ロック公園 | Rough Rock Park（レス・プレセス・スペイン／2004）
● RCRアーキテクツ | RCR Arquitectes
（模型制作：佐賀大学平瀬研究室）　模型の制作手順→P. 58

金属素材はその使い方によって重量感を表現することができる。建築で用いられている金属建材と同じ素材で模型をつくり、実物と同様のエイジングを伝えることも可能だ。また、コンクリートや木仕上げの建築のコンセプトを、あえて金属のマッシヴなヴォリュームを穿つ造形や金属の線材の構成で伝える方法もあるだろう。あるいはやわらかい金属メッシュの特性を生かして有機的な形態の表現もできる。

いずれにせよ、やや鈍くあるいは光沢を持って反射する金属の素材感は、建築の物性や重量感を伝えるという、合成樹脂にはない魅力がある。

エキスパンドメタルで菱葺(ひしぶ)きチタン屋根を表現

元シードル工場のれんが倉庫を改修した美術館。シードルのような金色に酸化皮膜加工されたチタン製の菱葺きの屋根をゴールドのエキスパンドメタルと金属板によって表現し、れんがの破片によって既存のれんが壁や建築本体を想起させるような模型。とても小さい模型だが、この建築のコンセプトである「記憶の継承」と「風景の再生」が明快に表現されている。

● 弘前れんが倉庫美術館 | Hirosaki Museum of Contemporary Art（青森県弘前市／2020）● Atelier Tsuyoshi Tane Architects

金属メッシュで三次元曲面をつくる

床、壁、天井が一体となっているカテノイドと呼ばれる三次元曲面の構造体のスタディのために金属メッシュでつくられた模型。三次元曲面のチューブが洞窟のような空間をつくり出している。平織や綾織による金属メッシュは、三次元曲面を自由に形成できる貴重な素材である。この建築が実現するまでに、金属メッシュのほかスタイロ切削模型や3Dプリンタ模型、光造形模型などさまざまなスタディ模型がつくられている。

● 台中国家歌劇院 | National Taichung Theater（台中市・台湾／2016）● 伊東豊雄建築設計事務所 | Toyo Ito & Associates, Architects

金属ワイヤーフレームでヴォリュームの構成を伝える

彫刻家アントニー・ゴームリーとの共作によるスウェーデンのシーヴィク・アート・センターのパヴィリオン。コンクリートの三つのヴォリュームで構成されたパヴィリオンを金属のワイヤーフレームによる模型で表現している。このワイヤーフレームは、ゴームリーが手がけた人体をモデルとする3Dメッシュのマトリックスのような彫刻を想起する表現方法であり、三つの異なる場で周辺の風景を体験するパヴィリオンの構成を透視的に伝えている。

- シーヴィク・アート・センター・パヴィリオン | Kivik Art Centre Pavilion （シーヴィク・スウェーデン／2008）
- デイビッド・チッパーフィールド＋アントニー・ゴームリー | David Chipperfield & Antony Gormley

鉄板で表現するコールテン鋼の物性

コールテン鋼の鉄板でおおわれた船舶が街中に突然出現したような住宅。片持ちのヴォリュームを支持するために、くの字形に折れた敷地平面形状に呼応して曲面のフォルムがデザインされている。補強リブでパネル化された厚さ12mmの鉄板による、シームレスな鉄板シェル構造を構成している。コールテン鋼（鋼板表面が安定錆でおおわれた耐候性鋼材）の物性を表現するために、鉄板でつくられた1/50のコンセプト模型である。

● SHIP（兵庫県西宮市／2006）● 宮本佳明建築設計事務所 | Katsuhiro Miyamoto & Associates

浮遊する厚板アルミニウムが表現する空洞建築

2層分のヴォリュームを持つ鉄筋コンクリート造の直方体が1階の基壇の壁の上に置かれたような構成の住宅である。引き抜き材をある長さで切断したような断片としての空洞建築は、引き抜き方向にヴォイドスラブを使った「日」形の断面を持つ。実物はコンクリートの建築であるが、模型ではあえてアルミニウムの厚板でロの字形を構成し、スラブや吊り材などのエレメントを挿入している。アルミニウムの特徴的な加工技術である引き抜き加工を想起させる模型である。

- 物質試行48 西麻布の住宅｜Experience in Material No. 48 NFFLATS（東京都港区／2006）
- 鈴木了二建築計画事務所｜Ryoji Suzuki Architect & Partners

鉄とスティールロッドによる彫刻的な模型

セゾン現代美術館で制作された建築的インスタレーション関連の模型である。場所や身体との関係によってさまざま再配置できるよう、柔軟に可変する構造となっている。鉄の面によるコの字形断面の構成と繊細なスティールロッドの対比が美しく、やわらかな曲面やヒンジも含めてリアルに制作されている。インスタレーションの実作品にほぼ近いガンブルーで染色された鉄の素材感、それ自体が彫刻的に美しい模型である。

● Black Maria(長野県／1994) ●中尾寛 | Hiroshi Nakao

Characteristics of Materials 04
金属の種類・特性

物性を伝える多様な表情の金属素材

鉄は鉄骨造の構造に用いられる材料だが、鉄板の接合はアーク溶接が必要なため模型には使いづらい。一方、亜鉛鉄板やブリキ板、銅、真鍮、アルミなどの非鉄金属は半田ごてで溶着が可能なため、板材を組み合わせる模型には比較的扱いやすい。

そのなかでも加工しやすいアルミとして、丸穴のパンチング加工を施したアルミパンチング板がある。直径0.5～3mmの丸穴が1～4mmピッチで開けられたものや角穴のものがあり、開けられる穴の大きさとそのピッチにより透過度や光の反射など複数の要素を制御できるため、半透明な面の表現に適している。ステンレスメッシュも透過材として活用可能だろう。実際、こうした素材は1980年代、透明性を探求した伊東豊雄や

アルミ板
強度があり加工性もよいが、薄いものは折れ目や凹凸が付きやすいので丁寧に扱う必要がある。ヤスリをかけると深みのある表現になる。シワが付きやすいがアルミ箔も多様な表現に使いやすい（参考製品：アルミ板／レモン画翠）

アルミパンチング板
アルミ板にパンチングプレスで穴を開けた板で、開口率によっては透明感のある面を表現できる（参考製品：アルミパンチング板シルバー／レモン画翠）

ステンレスメッシュ
防虫網などに用いられている金網。縦線と横線が一定の間隔で交差し織り上げた平織が一般的で、1インチ(25.4mm)あたりの網目数が10～40とさまざまな粗さがある。立体的な加工も容易（参考製品：ステンレス金網／レモン画翠）

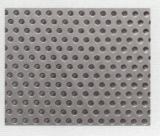

銅板
赤褐色の光沢を放つ金属。酸化することで美しく緑色に変色する緑青が魅力であり、模型でも風情ある経年変化を表現できる。模型には厚さ0.05～0.2mmが扱いやすい（参考製品：銅板／レモン画翠）

アルミエキスパンドメタル
アルミ板に千鳥状の切れ目を入れて引き伸ばす方法で菱形の網目状に加工された素材。開口率が高く、立体的な加工もしやすい

真鍮板
黄銅とも呼ばれる真鍮は銅と亜鉛を6：4で配合した合金。亜鉛を配合することで粘りのある銅より切る・削る・穴を開けるなどの加工性がよい。模型には厚さ0.1～0.3mmが扱いやすい

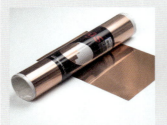

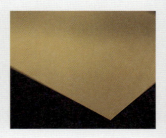

長谷川逸子による建築作品のなかで、外壁または屋根の素材として象徴的に用いられている。

近年はあまり見かけないが、金属棒(ロッド)とボルト、ワッシャー、ナットを組み合わせた即物的な模型は、OMAの影響もあってか1990〜2000年代の模型によく見られた表現である。

建材として用いられるコールテン鋼と呼ばれる耐候性鋼材は、表面に安定錆を形成することで鉄鋼の最大の弱点である錆を防ぐもので、茶褐色の錆が美しく徐々に落ち着いた黒茶色に経年変化する。模型に用いる際は、金属粉を原料とした金属塗料「さびカラー」などによって経年変化を表現できる。

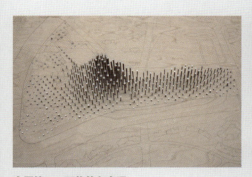

金属棒での即物的な表現
ヘザウィック・スタジオ《1000Trees》(2021)模型では、印象的な高低差のある樹木用ツリーポット(鉢)のみを抽出し、金属棒の構成で表現している

パンチングメタルで建物を柔らかく包む
長谷川逸子《すみだ生涯学習センター》(1994)の模型では、実物に用いられているパンチングメタルを採用。光の粒で面全体がパッケージされたイメージを演出している(写真提供:長谷川逸子・建築計画工房)

光・風の透過する金属メッシュの外壁
ヘルツォーク&ド・ムーロン《ドミナス・ワイナリー》(1998)は、金属メッシュに地域の岩を詰めた蛇籠におおわれた外観の建築である。模型でも実物と同じ素材感によって再現することで、光・風の透過する環境制御装置としての外壁を表現している

エキスパンドメタルを三次元形状に加工
アルミエキスパンドメタルに金色の塗装を施し、金槌の打痕の強弱で立体的にゆがんだ天井の形を表現している。柔らかいので波打つような形状の加工も容易

Work Instruction 04
深みのある物性やムラのある質感を表現

《ラフ・ロック公園》は火山地帯の自然公園内にムラのある表情のコールテン鋼でつくられた動線を人びとが歩きながら独特なランドスケープを体験する建築である。ここでは銅板を使って再現した。

● ラフ・ロック公園（2004）｜ RCR アーキテクツ

用意するもの：
①銅板｜金属用ハサミ｜②ハンドニブラー（金属切断工具）｜
③金槌｜④ガスバーナー｜⑤軽石｜⑥墨汁｜
発泡素材用接着剤（「スチのり」など）｜作業用手袋

完成

1.切り込みのガイドラインを描く

銅板を切るためのガイドラインをカッター、定規を用いて作成。1mm程度の厚さの銅板はカッターでは切断できないので、ハサミで切りやすいようガイドラインをけがいておく

2.金属用ハサミで銅板を切る

銅板の切断には金属用ハサミを使用する。薄い銅板は曲がりやすく、折り目が付きやすいので、適度に力を調整しながら切る。変形が気になる場合は、ハンドニブラーを使うといい

3.切り込みの調整

曲がった部分は手で戻す。手を切らないよう必ず作業用手袋を使用すること。薄い銅板を無理に戻そうとするとさらに変形することもあるので、丁寧にゆっくり作業するのがコツである

4.金槌で銅板を平らにする

木材などで銅板を挟み、金槌でたたいて細部を平らにする。槌目のある打ち出し鍋のように凹凸を付けるのか、なるべく凹凸をなくすのか、どういう表情にしたいかによってたたき方を変える

5.銅板をガスバーナーで加熱

この建築の特徴であるコールテン鋼を表現するために、銅板表面をガスバーナーで加熱する。加熱している間は銅板が高温でやわらかくなっているため、加熱側を触らないよう注意する

6.加熱後、温度が下がるのを待つ

加熱が終わったあとの状態。非常に高温のため、最低数十分ほどは待つ。ガスバーナーの加熱斑をつくることで、コールテン鋼特有の斑を表現できる

7.敷地に銅板を取り付ける

火山岩を表現するために墨汁で塗装した軽石を敷地に敷き詰める。銅板を土台に埋め込み、軽石を上から敷いて接着剤で固定する

8.植栽を取り付ける

根元が軽石に隠れるよう植栽を固定して、植生を再現する。植栽はカスミ草のような繊細なものではなく、力強い銅板の素材感に負けないようなヴォリューム感のあるものを選定する

石こう

建築分野で石こうといえば、まず石こうボードが頭に浮かぶだろう。石こうボードは石こうを主成分とした素材を板状にして紙で包んだ建材で、強度、断熱、遮音性が高いため壁や天井に広く使われている。また、古代ギリシャやローマでは彫塑や型取りなど造形材料にも利用されていた。硬化体の面がとても平滑で吸水性もあることから、陶磁器型材としても使われている。

模型材料としては基材である石こうそのものを用いる。石こうは水と反応して複雑な形状でも自由自在に短時間で成型できるところが特徴で、そのための型枠をつくる手間はかかるが、マッシヴな量塊をつくるには有効だ。布と石こうの複合素材である「石こうテープ」を使えば有機的な曲面形状も簡単に制作できる。

ヴォイドとソリッドの関係を示すマッシヴな量塊

デンマーク赤十字社の1950年代竣工の旧コペンハーゲン郡庁舎に増築された大きな階段状の屋根のあるボランティアハウスの計画。屋根は大階段として市民のために開かれた公共的な場所となり、既存建物の外壁と同じような黄色いれんがによってつくられている。屋根に穿たれた開口は内部の展示スペースやカフェテリアと接続しているが、この模型は石こうによってそうしたマッシヴな量塊のヴォイドとソリッドの関係性を示している。

● レッド・クロス・ボランティアハウス│Red Cross Volunteer House（コペンハーゲン・デンマーク／2017） ● Cobe

精度の高い白いキューブが放つ力強いヴォリューム感

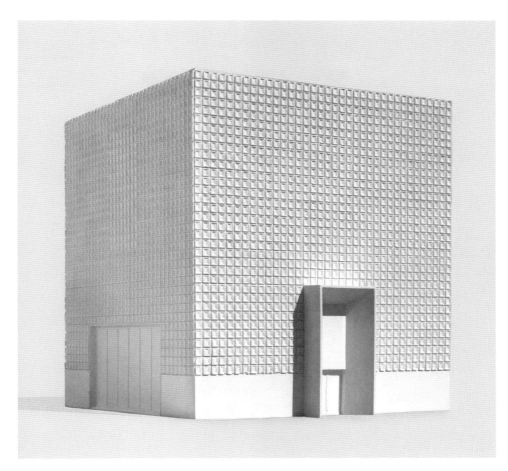

スイス、クールにあるビュンドナー美術館（グラウビュンデン州立美術館）の本館は19世紀の重要文化財ヴィラ・プランタであり、その展示スペース拡張のために計画されたのが、この白いキューブのような新館である。展示スペースを地下に配置し、コンパクトなヴォリュームにはパブリックエリアのみが配されている。ファサードの構成は装飾的なヴィラ・プランタへのリスペクトと自律性を強化し、その強いヴォリュームを表現するような石こうによるマッシヴな模型である。

- ビュンドナー美術館新館 | Art Museum Graubünden New Extension Building（クール・スイス／2016）
- バロッツィ・ヴェイガ | Barozzi Veiga

石こうのパテを塗布した重厚な質感

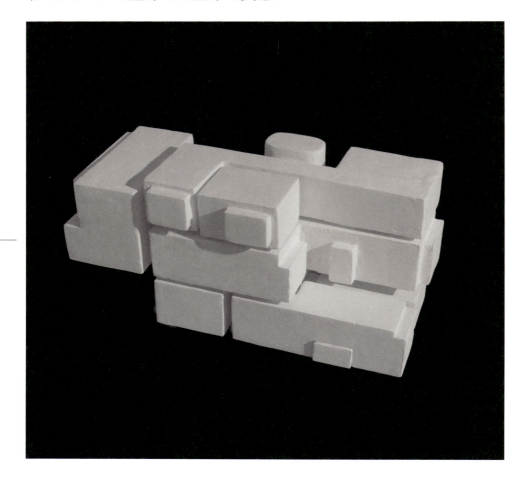

発泡スチロールの上にペースト状の石こうのパテを塗布することで、重厚な質感を感じさせる模型である。ロジャー・ボルツハウザーは土の建築で有名な建築家だが、土とは異なる素材でつくる触覚的な手触りの模型が特徴である。この内部空間をソリッド化したモデルは、スキンとボーン（皮膜と骨格）による建築の表現ではなく、空間的なヴォリュームを検討するためのものである。

- ラオホ邸｜Rauch House（シュリンス・オーストリア／2008）
- ロジャー・ボルツハウザー｜Roger Boltshauser

不定形なヴォイドのわかりやすい造形

中国の金華建築芸術公園に建つパヴィリオンである。壁には両側から穴が穿たれ、子どもたちはさまざまな方向から登ることができる。三次元的に不定形なヴォイドが組み合わされ、複雑な造形が生まれている。スイスの建築家が中国でプロジェクトを行うにあたって、遠隔地でも現場監理しやすくなるよう、複雑なディテールの納まりにせず、明瞭でわかりやすい造形としている

● ベイビー・ドラゴン | Baby Dragon（金華市・中国／2006）● HHFアーキテクツ | HHF Architects

Characteristics of Materials 05
石こうの種類・特性

素早く硬化する石こうで空間を凝固

模型や工作に使われる石こう（焼石こう）という素材は粉状であるが、水を加えて数分の間は流動性のある液体となり、その後硬化して石のような物質に変化する。型枠をつくり、水と混ぜた石こうを流し込むというプロセスは、コンクリートの建築施工現場と同じ。かつてスチレンボードのない時代、平坦なガラス板に石こうを流し、その上にもう一枚のガラス板を乗せることでできる薄い均質な石こうボードを用いて建築模型がつくられていた。今もその手法で壁や床を石こうで表現することもできるだろう。

しかし、そのように建築を擬似的につくることよりも、石こうの持つ流動性を生かして、われわれが漠然と考えている「空間」を立体的に凝固して表出することのほ

水と反応する石こう

石こうは硫酸カルシウムと水からなる鉱物で、陶磁器、歯科、自動車など成形用のほか土壌改良剤、食品添加物などとしても使われている。模型には水と反応して自由に成形できる焼石こうが適している。数十分で硬化する（参考製品：高級工作石こう 2kg／家庭化学工業）

石こう像

石こう像は古代彫刻やルネサンス彫刻などの複製に用いられる。デッサンや考古学の資料・美術館の展示物としても利用されている（参考製品：左からミロ島ヴィーナス半身像、ジュリアーノ・メジチ胸像／石膏像ドットコム）

石こうで表現された流動的な造形

《日生劇場》（村野藤吾、1963）の量塊感ある模型は、壁も天井もすべて曲面で構成された内装が石こうによって表現されている（所蔵：京都工芸繊維大学美術工芸資料館　写真提供：佐賀県立博物館「建築の建築―日本の「建築」を築いた唐津の3巨匠―」）

分離派建築家の彫刻のような建築

いまから100年ほど前に活動した分離派建築家・瀧澤眞弓による《山の家》(1921)の模型(1986)。曲線を使う自由なデザインは石こう模型に適している

うが、模型素材としてより適切な利用法ではないだろうか。ヴォリュームに穴を穿つことで「ネガ」と「ポジ」の関係を生み、「空間」を浮かび上がらせる。薄い石こうボードのような面材や棒のような線材ではそうした試行は不可能である。

石こうとモルタル（P.70）はどちらも流動性のあるキャスティング材であるが、モルタルは常に一定の粘度があるのに対して、石こうは撹拌の初期段階には粘性がないサラッとした液体が、ある時点から急に粘度が増してくる。そのような性質があるからなのか、成型した模型からも空間の粘度が異なるような印象を受ける。

石こうならではの有機的な造形

吉阪隆正＋U研究室《コンゴ・レオポルドビル文化センター計画国際競技設計》(1959)。図書館・コミュニティセンター・文化ホールなどの複合建築の国際競技設計の1/500の石こう模型。独立を損なわずに統一を与える「不連続統一体」で建築造形をつくる試みである。そのうちの一つは石こうならではの有機的な造形をつくりだしている

所蔵：早稲田大学
建築学教室本庄アーカイブズ

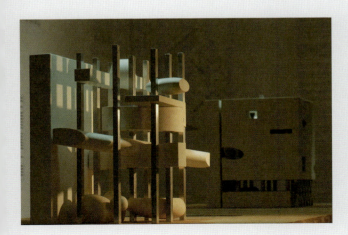

ネガ・ポジの量塊模型

オランダの建築モデルメーカーのヴィンセント・デ・ライク（Vincent de Rijk）はOMAの数多くの建築模型制作を手がけているが、その中でも特に有名なのは《フランス国立図書館コンペ案》(1989)の空間構成をネガ・ポジに置き換えた石こう模型であろう。ボックスをくり抜いたような造形の模型はキャスティングされたいくつかのヴォリュームが組み合わされている。空間概念を刷新するネガ・ポジの関係を表出させた魅力的な模型である。アート作品と言ってもいいいサイズ、クオリティが圧巻である

Photograph by Hans Werlemann,
Courtesy of OMA

Work Instruction 05
量塊感を表現する石こう模型

スイスの山中に建つ《テルメ・ヴァルス》は、
ボックスに片持ち構造の屋根が付随したユニットが複数組み合わさり、一つの大きな建物を構成している。
ユニット同士のすきまがトップライトとなり、光の降り注ぐ荘厳な内部空間を、石こう模型で再現した。

● テルメ・ヴァルス（1996）｜ピーター・ズントー

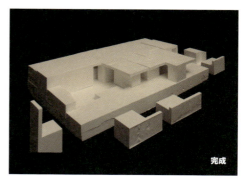

完成

用意するもの：
①薄型断熱材｜②発泡ポリスチレン（スタイロフォーム）｜③スチレンボード｜④石こう｜⑤水｜⑥ボール｜⑦泡立て器｜⑧計量カップ

1. 型枠を作成する

薄型断熱材を切断し、石こうを流し込むための型枠を作成する。接着剤を使うと外しにくいため、虫ピンなどで簡易的に留める。すきまがあるとあふれる可能性があるため、養生テープでしっかりと固定をするとよい

2. 型枠に剥離剤を塗る

石こうの凝固後に型枠を外しやすくするため、型枠に剥離剤を塗っておく。剥離剤は水性のものであればなんでもよいが、今回はニスを使用した。石こうは水との混合割合が重要なので、計量カップで計量し、泡立て器などで丁寧に撹拌する。

3. 水と混ぜた石こうを型枠に流し込む

作業は発泡ポリスチレン(スタイロフォーム)やスチレンボードなどフラットな板材の上で行う。石こうを流し込む際にはあふれ出る可能性があるため、ビニールを下に敷くとよい。また、石こうが水と混ざると数分で硬化が始まるため、流し込みは完全に準備ができてから行う

4. 表面を素早く平らにする

流し込んだ石こうの上部を平らにするため、板状のもので余った石こうを落とす。上部はそのまま凝固してしまうため、このすり切りの精度が重要である

5. 石こうを乾燥させる

流し込んだ石こうを乾燥させる。石こうはすぐに硬化が始まり、2時間ほど乾燥させると完全に硬化するので、型枠を外すことができる

6. 型枠を外す

乾燥させた石こうから型枠を外す。すきまに生じたバリがあるときにはカッターなどで切り落とすときれいに仕上がる

7. 石こうのパーツを接着する

脱型した石こうのパーツ同士を接着する。接着する面に石こうを塗り、もう一つのパーツと結合する

8. 全体のヴォリュームをつくる

取り外せる部分は接着させないようにするなど、使い方を考えて全体のヴォリュームをつくる

PART.6 | Mortar

モルタル

● ブラザー・クラウス・フィールド・チャペル | Brother Klaus Field Chapel
（メヒャーニヒ・ドイツ／2007）
● ピーター・ズントー | Peter Zumthor
（模型制作：佐賀大学平瀬研究室）　模型の制作手順→P. 78

モルタルは砂、セメント、水を練り混ぜてつくる建築材料で、日本の住宅の外壁材として多く使われている。セメントに水を練り混ぜたものはセメントペーストと呼ばれ、それに細骨材（砂）とセメントを2：1または3：1の割合で混ぜたものがモルタルである。モルタルに粗骨材（砂利）を混ぜ合わせたものはコンクリートと呼ばれる。モルタルは表面が硬くて強度が大きく耐火性があり、硬化するまではペースト状で施工性がよいため仕上げ材や目地材、躯体の調整など左官材料として広範な用途に用いられている。

ホワイトモルタルのマッシヴな閉じた箱

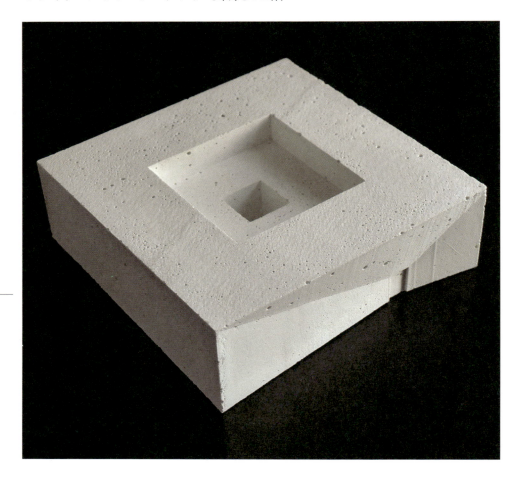

ホワイトセメントを使用したモルタル模型。不透明で抽象的な閉じた箱のような博物館で、ルーフテラスとその中央に開けられたトップライトのヴォイドをマッシヴな模型によって表現している。メインファサードはエントランスを示すようにくぼみがつくられ、2階から1階に少しずつオフセットして小さくなる正方形のパティオもソリッドから削り出したような形態で、より一層マッシヴな造形を際立たせている。

● メカニカル・ミュージック博物館 | Museum of Mechanical Music（パルメラ・ポルトガル／2016）● ミゲル・マルセリーノ | Miguel Marcelino

骨材が露出しざらざらとした粗々しい表情

海抜100mほどの高さにあるので名を「Cien House（100mの家）」と呼ぶペソ・フォン・エルリッヒスハウゼンの住居兼オフィス。コンクリートの基壇と塔による逆T字形の構成をしている。骨材が露出した粗々しいコンクリートの表情が、モルタルでそのまま表現されたこの模型では、オブジェクト単体としてこの建築を表象する最も説得力のある素材が選定されている。外壁の素朴な質感と触覚的でざらざらした物質性が厳密な幾何学的な造形と対比的に表現されている。

● シエン・ハウス｜Cien House（コンセプシオン・チリ／2011）
● ペソ・フォン・エルリッヒスハウゼン｜Pezo von Ellrichshausen

重量感あるコンクリートの壁に穿たれた光の十字架

この建築は正面に十字架のスリットが入り、斜めの壁が立てられているシンプルな構成だが、光で十字架を表現するという建築的発想が、十字架の上半分の10トンもの壁を天井から吊り下げることによって実現されている。重さ約400kgの1/10模型の壁はコンクリートと同じ質感のセメントでつくられ、壁に穿たれた光の十字架を体感できる。

- 光の教会 | The Church of the Light（大阪府茨木市／1989）
- 安藤忠雄建築研究所 | Tadao Ando Architect & Associates

人工土地として持ち上げられた力強い躯体

所蔵:早稲田大学建築学教室本庄アーカイブズ

ル・コルビュジエのアトリエで働いた直後に建てられた吉阪自邸の1/50模型である。人工土地(住むための大地を人工の力でつくる)の上に建つ住宅で、躯体以外は家族構成の変化や職住一体など環境の変化に応じて変貌していった。この模型はRCの柱・梁・床に、コンクリートブロックの壁がつくられた時期のものである。その力強い躯体と壁をモルタルで表現している。

● 吉阪自邸 | Yosizaka House(東京都新宿区/1955) ● 吉阪隆正 | Takamasa Yosizaka

1983年撮影。写真提供:北田英治

Characteristics of Materials 06
モルタルの種類・特性

キャスティングによって生まれる形
建築構造材として多く用いられるコンクリートはモルタルに砂利を混入したものである。したがってモルタルの模型は、漂白したような石こうの抽象的な模型とは異なる、力強いコンクリートの質感を獲得することができる。建築を模したものというより実物の縮小モデルともいえよう。シンプルな形態であってもこの質感によって力強いオーラを表出させ、それ自体の存在を主張することもある。

モルタルの原料であるセメントは水と反応して固まるという点で石こうと共通の性質を持っているが、石こうは水と反応すると数分から数十分で硬化が始まるのに対し、モルタルの硬化には数時間から数日を要する。石こうとモルタルはともに流動性を持ち、凝固して

セメント、砂、水を混ぜてモルタルをつくる
モルタルの原材料であるセメントは安価で入手しやすいため、模型だけでなく日曜大工などに使用されている。灰色のほか、白色のセメントもあり、砂の混入量によって濃淡をつくり出すことができる(参考製品:日曜セメント4kgグレー／家庭化学工業)

型枠から考える形
型枠さえつくることができれば中空円柱のような他素材ではつくりにくい形も容易に成形可能。逆に言うと形を考えるときに型枠づくりから検討する必要がある

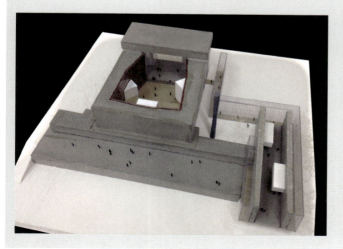

ネガ・ポジ反転を表現
佐賀大学平瀬研究室《八幡市民会館Reborn計画》(2014)は、村野藤吾《八幡市民会館》(1958)の保存再生に向けて、ホール部分の屋根を外して外部化することで内部が外部へと反転した地域の広場を提案している。モルタルの量塊のある模型でネガ・ポジ反転を表現した

目に見えない空間を可視化することが可能だが、凝固時間の長いモルタルは安定した形態、短時間に硬化する石こうはやや即興的な形態という、異なる造形を生み出すことができるだろう。

現代美術家レイチェル・ホワイトリード（Rachel Whiteread）の作品《House》(1993)は、取り壊される1軒の家の内部をコンクリートによってキャスティング（打設）することで、そこに存在する「空間」を可視化させた作品である。キャスティングによって目に見えない空間を粒子化しつかみとることのできるモルタルは、モダニズムにはない新しい空間の創出には欠かせない素材であろう。

© 2025 Austrian Frederick and Lillian Kiesler Private Foundation, Vienna

自由な形態の殻体構造をつくる

「建築の空間をつくる際に柱や梁に左右されることなくもっと自由な形態を構築できるのではないか？」という問いからフレデリック・キースラー（Frederick John Kiesler）は《エンドレスハウス》(1950〜60)を提唱。彼はこの殻体構造をつくるためにメッシュ状の金属で構造体を形成し、厚さ2.5インチ（63.5mm）のコンクリートを吹き付けた。キャスティングとは異なる手法のモルタルを用いた模型表現である

空き家となっていた民家

小規模なテラスハウスをコンクリートでキャスティングした作品《House》(1993)について、作者のレイチェル・ホワイトリードは「空間や静寂の感覚をミイラ化する」と語る。そこでは負の空間、不在となっていたものが可視化されている。大分県国東市で制作した《Kunisaki House》(2022)では、長年空き家となっていた民家の内部がかたどられている（左）

Work Instruction 06
施工プロセスをモルタルで追体験

《ブラザー・クラウス・フィールド・チャペル》は、内側に円錐形に並べた丸太を、外側は板を型枠として、土を混ぜたコンクリートを打設後、脱型の代わりに型枠の丸太を燃やしている。
ここでは煤の付いた洞窟のような原始的な祈りの空間をモルタルで再現する。

● ブラザー・クラウス・フィールド・チャペル（2007）｜ピーター・ズントー

用意するもの：
①丸棒｜②薄型断熱材｜③養生テープ｜④虫ピン｜⑤セメント｜剥離剤｜⑥水｜ヒートカッター

1.外側の型枠を作成

薄型断熱材で外側の型枠を作成する。カッターで切断することも可能であるが、断面をそろえるため、ヒートカッターを用いて大きさを均一にしていく

2.型枠の組み立て

1のパーツを組み立て（左）、丸棒を並べて形成した内側の型枠（右）をおおう。モルタルが流れてこないよう、すきまなく、できるだけ密な状態になるよう型枠を立ち上げる

3.モルタルの作成

モルタルはセメントと水・細骨材でできているが、はじめにセメントと細骨材をよく混ぜてから水を投入すると均等に混ざる

4.型枠にモルタルを流し込む

内部の空気を抜くため、棒などで内部に振動を与え、均等にモルタルを流し込む。あらかじめ外側の型枠内部に剥離剤（ニスやグリース、洗剤など）を塗り、外しやすくしておく

5.乾燥

モルタルは急激に乾燥させると割れを起こしやすいため、新聞紙や袋などをかぶせ、4、5日間乾燥させる。完全に水分が抜けきるには1カ月近くかかる

6.型枠を外す

乾燥させたのち外側の型枠を外す。外しにくいからといって力任せに外すと壊れる可能性があるため注意して外す

7.内側の型枠を燃やす

内側の丸棒の型枠を脱型することは難しい。その代わりに燃やすことで木型枠が焦げ落ち、煤の付いた内部空間が生まれる

● 大隈重信記念館 | Okuma Memorial Museum（佐賀県佐賀市／1966）
● 今井兼次 | Kenji Imai
（模型制作：佐賀大学平瀬研究室）　模型の制作手順→P. 88

PART.7 | Clay / Oil Clay
粘土・油土

PART.7 粘土・油土 | Clay / Oil Clay

粘土は文字通り「粘り気のある土」であり、適量の水を含むと粘性と可塑性を発揮する。油土は精密な成形ができる一方、温めることで軟化するため繰り返し使用できる。模型に使用される一般的な材料が、部材を組み合わせていく加算的なプロセスで構築されるのに対して、粘土や油土は直方体の塊を変形させていく減算的な加工によって形態をつくるという、異なるアプローチをとる。水平・垂直をつくるのも難しく、なかなか思い通りの造形がつくれないところもあるが、指先の所作をそのまま形づくることのできる身体に直結した素材とも言える。

粘土で住宅のコンセプトを伝える

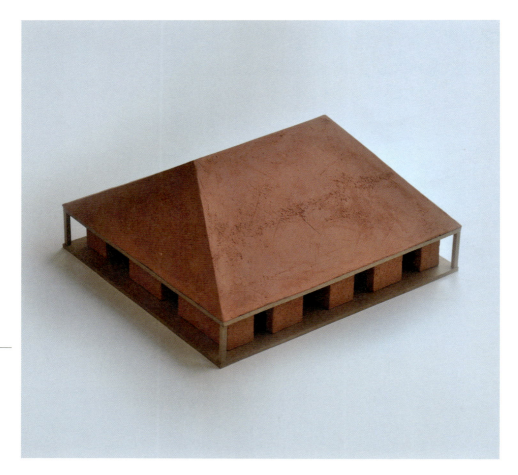

デンマークの伝統的なれんが造の技術を再解釈し、主構造はすべて組積造の粘土ブロックでできた長寿命、良好な室内環境、低メンテナンスを目指した住宅である。248×425×249mmの粘土ブロックを積層し、そのまわりに外壁としてれんがを積み、仕上げとしている。屋根はタイル貼り、外壁はれんが積みなので実際は粘土ではないが、この住宅のコンセプトを伝えるべく模型では粘土で表現している。

● ブリック・ハウス | Brick House（ナイボルグ・デンマーク／2014）● レス＆ゴリ | LETH & GORI

マッシヴな三つのヴォリュームの構成

油土でつくられた初期モデルで、二つの直方体によって支持されている空中に浮かんだ逆ヴォールト状の半円柱を、マッシヴなヴォリュームの組み合わせによって表現している。異なった空間の接合というこの建築の主題を明快に伝えるモデルである。その後実現案では、敷地の固有条件に対応して二つの直方体の矩形平面は一つの台形平面に統合され、半円柱も途中でわずかにくの字形に折れ曲がる特異な形となった。

- 東京工業大学百年記念館｜Tokyo Institute of Technology Centennial Hall（東京都目黒区／1987）
- 篠原一男｜Kazuo Shinohara

写真提供：東京科学大学博物館

手を加えられ続けた油土模型

シルクロードの砂漠の遺跡をイメージしてつくられた、澤田政廣による木彫仏像等10体を展示するための美術館。作品それぞれに胎内のような展示空間が与えられ、一つの仏像を見ているとその向こうに次の仏像が現れてくるようなシークエンシャルな構成になっている。油土でつくられたスタディ模型は、村野藤吾自らが修正したという。すべてが曲線を描いた生き物のような造形のこの建築は、模型をもとに工事用図面が描かれ、つくられた。

● 谷村美術館 | Tanimura Art Museum（新潟県糸魚川市／1983）● 村野藤吾 | Togo Murano

大地から生えてきたような粗々しさを油土で表現

写真提供：アルキテクト事務局＋北田英治

1964年、U研究室でのエスキス油土模型（本館1/50）である。大学セミナーハウスの大地に楔を打ち込んだような逆ピラミッド形の本館は、ピラミッド形の中央セミナー室の模型をたまたま逆にして決まったという。まるで大地から生えてきたような粗々しい肌理のコンクリートを表現するには、重量感のある油土は適した素材である。

● 大学セミナーハウス ｜ Inter-University Seminar House（東京都八王子市／1965）　● 吉阪隆正＋U研究室 ｜ Takamasa Yosizaka+Atelier U

Characteristics of Materials 07
粘土・油土の種類・特性

手の痕跡を建築化した造形をつくる

粘土の中でも模型に使いやすいものとして、紙粘土や油土、石粉粘土などがある。紙粘土は、細かく裁断された紙に糊などを加えて粘土状にしたもの。やわらかくコシがあり、乾くと硬い仕上がりとなる。他の素材との定着がよく、収縮も少ない、切削に優れる、着色も容易など地形模型に最適であるが、乾燥しやすいため手早い作業が求められる。

油土は、鉱物粉などをオリーブ油などで練ったもので、温めることにより軟化し、冷えると硬化する。ヤスリやヘラで切削することが可能で、精密な成形ができる。ヒビ割れもしないので、スタディ模型や地形模型に適する。吉阪隆正が主宰したU研究室による一連の模型は油土でつくられているが、大地がそのまま隆起

やわらかくてコシのある紙粘土

練るとさまざまな形態をつくることができ、乾燥させると硬くなる。しっかり適度な伸びとコシがあり、使いやすい。固いと感じたら水を加えることも可能。水性絵の具やマーカーなどを練り込み着彩もできる（参考製品：ホワイトクレーエコ／中部電磁器工業）

精密な成形のできる油土

害のない油と天然の土を原料とし、繰り返し使用できる。なかでも「レオン油土」は自動車業界やデザイナー、彫刻家に多く使われており、一般用普通硬度、工業用中間硬度、精密用高硬度の3種類ある（参考製品：レオン油土／瀬戸製土）

石質感ある石粉粘土

石を細かく粉状にしたものを含んだ粘土で、なめらかできめ細かい。しっかり時間をかけて乾燥させれば、石こうや素焼きのような質感になりヤスリなど小さな力でも造形しやすい（参考製品：石粉粘土 ファンドソフト／創作造形©造形村／ボークス）

透明感ある樹脂粘土

酢酸ビニルエマルジョンが主成分の粘土。着色も可能で、薄くのばせば光を透過する。乾燥後は防水性もある。最初は白色だが、乾燥するにつれて透明度が増してくる（参考製品：樹脂粘土かた丸／美術出版エデュケーショナル）

したような、作者の手の痕跡が建築化したような造形が表現されている。耐熱・離型性にも優れることから、石こうなどの型取りの原型制作にも使いやすい。

　石粉粘土は石を粉状に砕いたものを主素材とした粘土で、乾燥後にヤスリで削ることもでき、素焼きの陶器のような質感になる。削り過ぎても何度でもやり直しができるため、彫塑像の制作に適した素材である。

　そのほかにも滑らかな液体粘土や透明度の高い樹脂粘土、光を蓄え暗闇で発光する蓄光樹脂粘土、クレイアニメなどで使われる「クレイトーン」、光沢と深みのあるブロンズ粘土、木の風合いを表現できる「ウッドフォルモ」など、さまざまな種類がある。

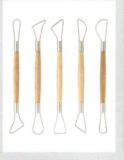

指で成形する
油土を手でこねると、はじめは硬いが体温で徐々に軟らかくなる。塊同士を無理にくっつけると裂け目が入るので、指でよく押さえて凹凸のない形になじませる

ヘラで成形する
指先では難しい細部の修正や自然な感じを出すときには堅木ベラ、竹ベラ、かきベラ、彫塑ベラなどを用いる。塊を接合した合わせ目を整えたり、表面を滑らかにしたりすることができる（参考製品：左＝カキベラ、右＝粘土ベラ／ホルベイン画材）

油土を用いた地形表現
油土で制作された吉阪隆正＋U研究室《箱根国際観光センター競技設計》(1970)の模型。全体が油土でつくられた模型であるが、地形は表面を粗くし、大地に象嵌された建築は表面を平滑にすることで、自然と人工が一体となっている姿を表現している

写真提供：アルキテクト事務局＋北田英治

Work Instruction 07
塊を変形させる減算的な表現

《大隈重信記念館》は、大隈侯のどっしりして動かざる姿を表現した、
厚みを持ったコンクリートによる彫刻のような建築である。
油土を用いることで、地面と壁を指でよく押さえて凹凸のない形になじませ大地が隆起したような建築を表現する。

● 大隈重信記念館（1967）｜今井兼次

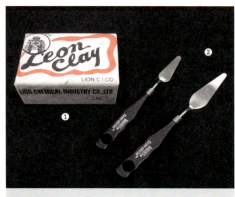

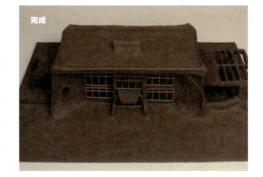

用意するもの：
①油土｜②ヘラ｜ヒノキ棒｜黒色の紙｜・虫ピン

1. 油土で建物の
ヴォリュームを切り出す

油土で建物のおおよその骨格のヴォリュームを切り出す

2. 油土を加えて建物の形をつくる

1のヴォリュームに油土を加え、その特性を生かしつつ指やヘラなどで大まかに屋根や外壁の形をつくる

3. エントランスをつくる

油土を加え、ヘラを使ってエントランスの細部を形成する。曲線やエッジを出したいときは、指で油土をなぞるようにするとよい

4. 庇をつくる

図面をもとに庇をつくり、建物ヴォリュームと合わせる。つなぎ目を指でなじませながら合わせる

5. 窓を取り付ける

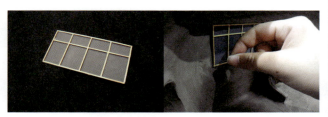

1mm角のヒノキ棒材の窓枠と黒色の紙で表現したガラス窓をつくり（左）、建物ヴォリュームに貼り付ける（右）。虫ピンを油土まで貫通させて固定する

6. エッジを整える

大まかに形成したエッジを指でなぞるように整える。力加減がポイントとなる

- イエローハウス｜Yellow House（フリムス・スイス／1999）
- ヴァレリオ・オルジャティ｜Valerio Olgiati

（模型制作：佐賀大学平瀬研究室）　模型の制作手順→P.96

PART.8｜Insulating Firebrick

耐火断熱れんが

耐火断熱れんがは、微細な気孔を多くつくることにより、耐火性と断熱性を兼ね備えた軽量で加工しやすいれんがである。なによりこの素材の魅力はその素材感にある。ザラザラとした表情は古くから残る建築の外壁のようでもあり、奥行き感と深みのある表面はなかなかつくり出せるものではない。モジュールが決まってはいるが、それらを組み合わせて接着し、接合部をモルタルやモデリングペーストで埋めることで一体感のあるヴォリュームをつくり出すことも可能だ。

PART.8 | 耐火断熱れんが | Insulating Firebrick

地形と蛇籠の粗々しい外壁を断火耐熱れんがで表現

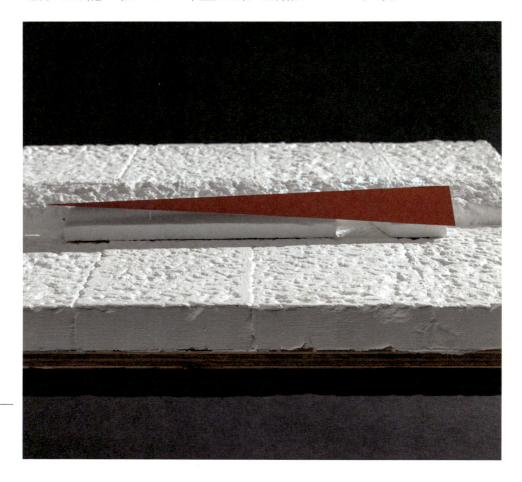

標高2,180mの御嶽山登山口に建つビジターセンター。外壁を溶岩混じりの地域の岩石を詰めた「蛇籠」とし、周辺の景観と調和しつつ来訪者への視認性の高い「赤い屋根」が特徴的な建築である。斜め棟の長く伸びやかな屋根を架けることで山のスケールに呼応した風景をつくっている。大地と一体となった素材感を表現するために地形と建築を同素材の粗々しい耐火断熱れんがを用いて、屋根は赤く着彩した金属板としている。

● 御嶽山ビジターセンター やまテラス王滝｜Mt. Ontake Visitor Center（長野県木曽郡／2022）● 平瀬有人＋平瀬祐子／yHa architects

耐火断熱れんがを掘削して自由な造形をつくる

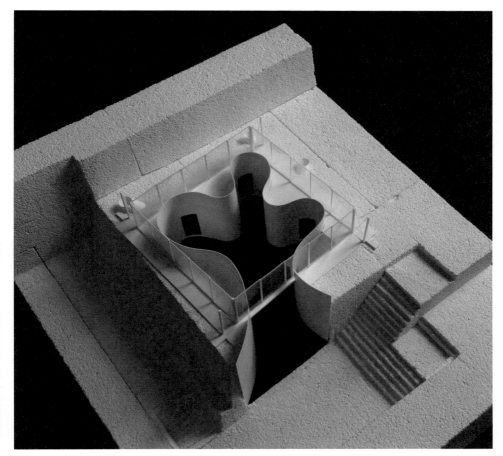

ひな壇造成された宅造地盤面と石積み擁壁を掘削し、厚さ9mmの鉄板を仕上材兼用の型枠として立て、周囲にコンクリートを充填することでクローバー形の吹抜けのある半地下のリビングがつくられた住宅である。クローバー形のリビングから横に掘られたボックスが個室になっており、まるで中国のヤオトンを彷彿とさせる。この模型は、掘削して自由な造形をつくることのできる耐火断熱れんがによって、建築のコンセプトを明快に示している。

● クローバーハウス ｜ Clover House（兵庫県西宮市／2006）● 宮本佳明建築設計事務所 ｜ Katsuhiro Miyamoto & Associates

Characteristics of Materials 08
耐火断熱れんがの種類・特性

粗々しい素材感と量塊を表現
耐火れんがとは高温で焼く窯や溶解炉など被焼成物の浸食に耐えるように製造された耐火性のある、緻密で比重の重いれんがである。耐火断熱れんがは、高温になる各種工業炉や窯炉の内張りとなる耐火れんがの外側で、炉壁からの熱放散を防ぐ断熱を目的として使われ、多孔質でその容積の80%近くは気孔であることから、軽量で硬くなく加工性に優れる。形状は並形（230×114×65mm）が一般的だが、半片（230×114×33mm）のほうが建築模型には使いやすい。

電気丸ノコで簡単に切断可能だが、手作業で加工する場合はれんが挽きノコギリやALC用ノコギリ、ダイヤモンド刃のノコギリなどが適している。

模型で再現したヴァレリオ・オルジャティの《イエ

軽く硬くない耐火断熱れんが
JIS規格によりA類（軽量）、B類（標準・低価格）、C類（高強度）の3種類あるが、工業炉の断熱用のA類が建築模型には扱いやすい（参考製品：JIS耐火断熱れんが A類／丸越工業）

軽くて気泡が多く加工しやすい
粘土質耐火断熱れんがは耐火粘土と細かなオガクズなどを組み合わせた、白く軽くて気孔の多い材料である。この気泡が断熱層となって熱を外部に伝わらないようにした素材である。ポーラスで硬くないので加工しやすい

イソライトソーで溝を付けて切断
イソライトソーなどのれんが挽きノコギリである程度溝を付けて、ハンマーでたたき落としておおよその切断をし、その後ヤスリなどで整形する

ボードヤスリで削り整形
石こうボード用のボードヤスリなどで、鬼目（荒削り）、ヤスリ目（仕上げ）を使い分けて切断面の凹凸が滑らかになるよう細部を整形する

ローハウス》(P. 96)は、古くから残る建築の外壁材を剥がすことで現れた粗々しいテクスチャーを生かした建築である。粗々しいテクスチャーを白で塗装することで、漂白されながらも時間を感じさせるオブジェクトが立ち現れている。この模型は、耐火断熱れんがでその量塊を表現している。

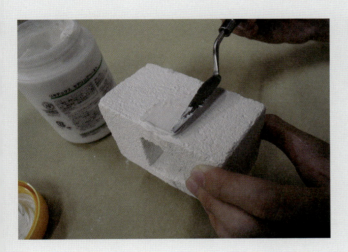

粘度の高い接着剤で接着
一般にれんが同士はモルタルで接着するが、模型にはエポキシ系、シリコン樹脂系、アクリル樹脂系などの接着剤が適している。耐火断熱れんがは気泡が多いため、粘度の高い接着剤が接着面に厚塗りできてよい。接着後はモデリングペーストで調整する

引き算による掘り出す表現
宮本佳明建築設計事務所《クローバーハウス》(2006、P. 93)模型の制作プロセス。耐火断熱れんがは軽いため、たがねや彫刻刀などで掘り出すような表現にも適している。マッシヴなヴォリュームから引き算によって空間をつくる作業である

Work Instruction 08
削り出すことで獲得する粗々しく深みのある表現

《イエローハウス》は19世紀後半に建てられた古い建物の外壁を剥がし、
隠れていた石や木を白く塗装したマッシヴな建築である。
耐火断熱れんがの持つ粗々しさによって、奥行きと深みを表現する。

● イエローハウス（1999）｜ヴァレリオ・オルジャティ

用意するもの：
①耐火断熱れんが(半片)｜②モデリングペースト｜③ジェッソ｜
④ハケ｜⑤ヤスリ｜穴あけドリル｜⑥イソライトソー
（れんが挽きノコギリ）｜接着剤｜厚紙｜発泡ポリスチレン｜
スチレンボード｜白い厚紙

完成

1. 窓の型紙をつくる

耐火断熱れんがが(半片)は33mmの厚さがあるため、開口部をあけるためのガイドが必要となる。ボール紙などの厚紙にあらかじめ開口部をあけた型紙を用意する

2. 耐火断熱れんがを接着し、型紙を載せる

耐火断熱れんがのサイズは幅230mm、奥行114mmのため、大きい模型に用いる際は小口を接着して面をつくる必要がある。接着剤で接着して、モデリングペーストですきまを埋めておく

3. 開口部を穿つ

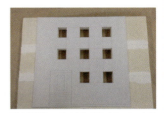

耐火断熱れんがは気泡が多くポーラスな素材であり、精度の高い切断は難しいため、穴あけドリルなどで開孔し、開口部と外形を型紙に沿って金属ヤスリなどである程度矩形になるよう調整する

4. 窓枠をつくる

コンクリートで打設された重厚な窓枠を発泡ポリスチレンで表現し、開口部に嵌める。耐火断熱れんがと窓枠のすきまはモデリングペーストで埋めておく

5. 四つの壁面をつくり塗装する

他の面の壁も同様に作成し、窓枠・外壁とともにハケを使ってジェッソで白く塗装する。耐火断熱れんが同士の接着面が目立たないよう、モデリングペーストで外形を整える

6. 壁同士を留め加工で接合

いも継ぎ(壁面同士をドン付けで接合)だとれんがの断面が露出してしまうため、留め加工(斜め45度カットして接合)で壁同士を継ぐ。型紙をつくるとヤスリで加工しやすい

7. 壁にテクスチャーを加える

耐火断熱れんがを削ってさらに凹凸を出すことで、既存の壁を剥がして露出した石や木の粗々しい表情をつくる。すべてジェッソで白く塗ることでマッシヴな塊を表現する

8. 床・柱・梁を挿入

平面的に偏心した位置に建つ柱・直交する2本の梁・4分割された床板といった、新たにつくられた内部の構造体をスチレンボード(厚さ5mm)で制作し挿入する

9. 軽やかに屋根を載せる

圧倒的な厚みを持つ壁に対して、白いボール紙などの薄板素材で軽やかに載せられた方形屋根を表現する

PART.9 | Acryl / Resin

アクリル・樹脂

透明のアクリルやポリ塩化ビニルなどの樹脂系板材は、透けるという性質を生かして複数の層を構成・組み合わせたコンセプチュアル模型によって空間同士の関係性を示しやすい。OMAの初期プロジェクトから模型制作を手がけているオランダのデザイナー、ヴィンセント・デ・ライクは、マッシヴなアクリルの量塊によってコンセプトを的確に表現した模型をつくるが、樹脂（レジン）も表現の幅を広げる技法として使っている。

● シュレーダー邸｜Rietveld Schröder House（ユトレヒト・オランダ／1924）
● ヘリット・トーマス・リートフェルト｜Gerrit Thomas Rietveld
（模型制作：佐賀大学平瀬研究室）　模型の制作手順→P. 106

PART.9 ｜ アクリル・樹脂 ｜ Acryl / Resin

動線を緑色のアクリルで可視化

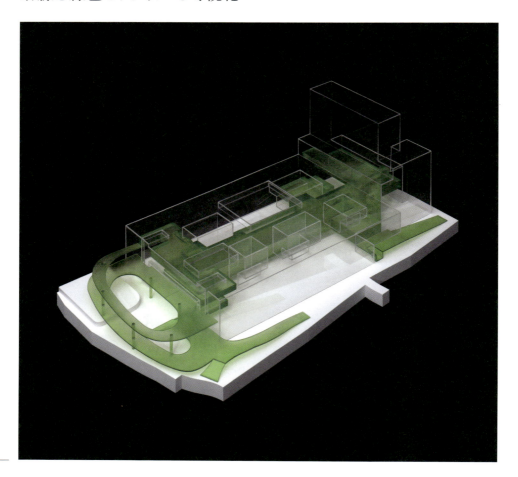

牛乳生産工場をチューリッヒ芸術大学、チューリッヒデザイン博物館などの教育・文化施設や集合住宅にコンバージョンしたプロジェクト。既存の工場のスロープから建物中央を貫くランプは都市空間の大通りのメタファーとして計画されており、この模型では緑色の半透明のアクリルによって表現されている。建築全体を透明のアクリルによってつくることで、動線が可視化された明快な模型である。

● トニ・アレアル｜Toni-Areal（チューリッヒ・スイス／2014）● EM2N

ポリ塩化ビニルを溶着してシームレスな表情をつくる

Courtesy aires mateus e associados

一見石こう模型のようなソリッドとヴォイドの構成による模型。PVC（ポリ塩化ビニル）の表面同士を少し溶かして接合させる「溶着」という方法によって、二つの部材を一体化させてシームレスな表情をつくっている。アイレス・マテウスは2010年のヴェネチア・ビエンナーレ国際建築展で「VOID」をテーマに、PVCでつくられた建築模型群の展示を行っている。展示ではそれぞれの建築をソリッドとヴォイドの2種類の模型として表現することで、ソリッド・ヴォイドの反転によって生まれる空間の可能性が試みられている。

● コルーシュの住宅｜House Coruche（コルーシュ・ポルトガル／2007）● アイレス・マテウス｜Aires Mateus

透明感ある美しい海草のようなストラクチャー

「せんだいメディアテーク」コンペ時の模型。海草のようなチューブの柱によって支えられた薄いフラットスラブに、1枚のスクリーンのようなファサードが取り付く。この網目のようなストラクチャーの模型は、伊東豊雄が建築模型事務所QUMA DESIGN WORKSを主宰した坂野正明と試行錯誤してつくり上げられたものである。坂野は建築家の考えたイメージを透明感あふれる美しい模型で実現し、建築模型に革新をもたらしたといわれている。

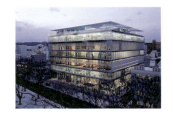

● せんだいメディアテーク | Sendai Mediatheque（宮城県仙台市／2000）● 伊東豊雄建築設計事務所 | Toyo Ito & Associates, Architects

アクリルで表現された不定形なガラスのドーム

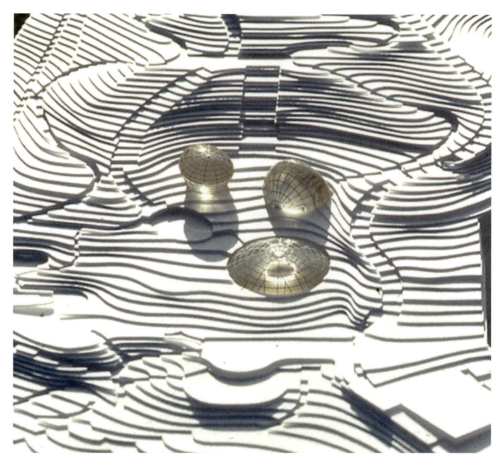

2点とも、写真提供：長谷川逸子・建築計画工房

種子の飛来や果物の形などからイメージされた建築を一群の施設として計画し、果物の生命力を表現している。スチレンボードでつくられた敷地にアクリルで表現した三つのガラスのドームが配されたこの模型から、薄く広がった円形屋根、円形の半分が潰れたような形、ゆがんだ形、という不定形なドームが地形に埋もれつつも形の力強さが伝わってくる。

● 山梨フルーツミュージアム │ Yamanashi Fruits Museum（山梨県山梨市／1995）● 長谷川逸子・建築計画工房 │ Itsuko Hasegawa Atelier

Characteristics of Materials 09
アクリル・樹脂の種類・特性

樹脂系板材やメッシュ材による新しい表現

優れた耐久性と光の透過率92％以上という非常に高い透明度を持つ透明アクリル板は、ガラスよりも安価でさまざまな加工が可能。透明のほか色付、乳半、スモーク、ミラーがあり、明快なコンセプトを表す抽象的な模型に適している。接着はアクリルを溶着させるアクリル樹脂用接着剤（アクリサンデーなど）を用い、注入器で流し込んで素材同士を一体化させることで強度が得られる。レーザーカッターでの加工も可能である。

塩ビ板はアクリルより低価格で、衝撃や曲げにも強く取り扱いが簡単なため、開口部のガラス表現などに用いられることが多い。プラ板はスチロール樹脂からできており、やわらかく加工がしやすい反面、表面に傷が付きやすく、強く曲げ過ぎると固くパリッと折れて

アクリル板

透明・半透明のほか、色のバリエーションも豊富で、1〜20mmとさまざまな厚さがある。5mm未満はアクリルカッターで溝入れして折ることでカットできる。5mm以上は糸ノコなどで切れるが、切断面が粗くなるのでヤスリで手直しが必要になる（参考製品：アクリルステージ 透明／アクリルショップはざいや）

アクリル棒

直径2〜20mmの丸棒や直径5〜21mmのパイプのほか2〜10mmの三角棒、四角棒などが模型づくりに適している。アクリル樹脂用接着剤を使えば透明で強力に接着でき、アクリル板と組み合わせれば抽象的で精度の高い模型が制作できる（参考製品：左＝アクリル丸棒 透明押出し、右＝アクリル四角補強棒 押出し／アクリルショップはざいや）

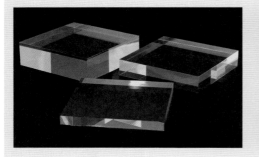
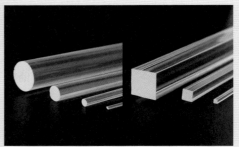

ポリ塩化ビニル板（塩ビ板）

ポリ塩化ビニルを板状に成形したもの。透明のほかカラー板もあり、0.2〜10mmと幅広い種類の厚さがある。曲げや衝撃に強く、やわらかく割れにくいためハサミやカッターナイフで加工しやすい。アクリルよりも接着が簡単で使いやすい

プラスチック板（プラ板）

プラモデルで用いられるスチロール樹脂製の板。白色と透明があり、紙のようにしなやかで扱いやすい0.1〜0.2mmの薄いペーパーと0.3〜1.5mmなど数種類の厚さがある。1mm以下の薄いものはカッターナイフなどで手軽に切断できる

プラスチック棒

スチロール樹脂製のプラ素材は、接着剤で簡単に接着でき、切削加工も容易である。丸形、角形、H形、L形、I形などの形状の白いプラスチック型棒材は断面形状やサイズの種類が多く、鉄骨の模型表現に適している（参考製品：タミヤ 楽しい工作シリーズ プラ材3mmH形棒／タミヤ）

しまう。しかし、取り扱いが手軽なためスタディに適している。
そのほかにも軽く折り曲げやすいポリプロピレン板、表面強度・耐衝撃性に優れたABS板、高い透明性と耐衝撃性・耐熱性のあるポリカーボネイト板、柔軟性に優れ折り曲げても白濁しないポリエステル樹脂製のPET板など多様な樹脂製板材があるので、必要な形態や透明度に応じて適宜使い分けるとよい。

有孔の半透明材としては、プラスチック製の長径1～2mmの穴が千鳥に穿たれているパンチングシート（白、半透明、黒、グレー）、網戸のような産業用メッシュ材のほか、ナイロンネットやポリエチレンネットなどの農業用資材を模型素材として転用すれば新しい模型表現となるだろう。

プラスチック製段ボール（プラダン）
断面がハーモニカ状の中空構造となっているポリプロピレンを原料とした一体押出成形によるプラスチック製段ボールも加工性がよく、使いやすい。5mm程度までならカッターナイフなどで簡単に切断することができる

凹凸を付けた樹脂で見え方をスタディ
ヘルツォーク＆ド・ムーロン《プラダ ブティック青山店》(2003)のスタディ模型の一つ。見る人が立つ位置によって常に変化し揺れ動く建物のアイデンティティが、半田ごてで凹凸を付けた樹脂の模型によって表現されている

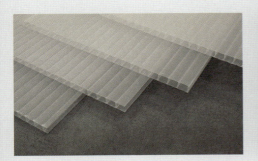

着色した透明度の高いエポキシレジン
OMA《Les Halles》(2003)の模型は、多くの建築家の模型を手がけるオランダの建築模型制作スタジオヴィンセント・デ・ライク（Vincent de Rijk）が制作したものである。マッシヴなヴォリュームの型をつくり、その型にエポキシレジン（エポキシ樹脂）と着色剤を混ぜて流し込んで硬化させている。硬化には1～3日かかるが、透明度も高い

By Hans Werlemann / Copyright OMA

Work Instruction 09
透明という性質を生かして不可視の構成を表す

《シュレーダー邸》は、水平・垂直と3原色を用いた構成が特徴のデ・スティルの代表的な作品である。
フィルムで色を付けた透明アクリルを組み合わせることで、コンセプトが明快に表現できる模型になる。

● シュレーダー邸（1924）｜ヘリット・トーマス・リートフェルト

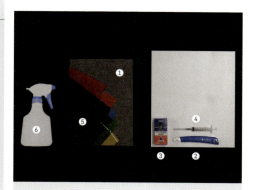

用意するもの：
①アクリル板｜②アクリルカッター｜③アクリル樹脂用接着剤
④注射器orスポイト｜⑤フィルムラベルシール｜⑥霧吹き｜ヤスリ

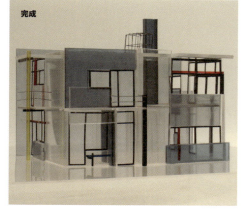

完成

1. ガイドの作成

アクリルの切断には、専用のカッターのアクリルカッターを使用する。スケールを合わせた図面をガイドにすると切りやすい

2. 切り込みを入れる

ガイドに沿ってアクリルカッターで削るようにして切り込みを入れる

3. アクリルを折って割る

ある程度切り込みが入ったら少しずつ両面に折り曲げて割る。切断面が粗いのでヤスリで調整する

4. パーツを貼り付ける

壁などのパーツの貼り付けにはアクリル樹脂用接着剤を使用する。注射器やスポイトで丁寧に接着剤を塗ると仕上がりがきれいになる

5. 使用する色のスタディ

透明のフィルムラベルシールに色を印刷してアクリルに貼る。何色か近似色を出力し、使用したい色に近いものを選ぶ

6. アクリルに水でシールを貼る

アクリルを霧吹きで濡らし、その上からシールを載せる。水気を押し出すことで気泡を入れずにシールを貼ることができる

7. 床のパーツを作成

フィルムを貼ったアクリルをカットする。入隅部は一辺だけ切って折ることが困難なため、両側から切り込みを入れて切断するとよい

8. パーツを組み立てる

パーツがうまく嵌まらない際は、ヤスリを使ってエッジを調整する

Column 02

坂野正明と建築家の協働

建築模型作家・坂野正明は1979年にQUMA DESIGN WORKSを設立、40年以上にわたって多くの建築家の建築模型を手がけてきた。とりわけ1980年代後半から2000年代にかけては、磯崎新、槇文彦、長谷川逸子、伊東豊雄、妹島和世、隈研吾らのコンペ・プレゼン模型を多く手がけ、建築家のイメージを透明感あふれる美しい模型で実現してきた。本書でもとりあげた《せんだいメディアテーク》(設計：伊東豊雄建築設計事務所、P.102)の透明感ある美しい海草のようなストラクチャーの模型など、抽象と具象の絶妙なバランスでその建築のコンセプトを翻訳してきたといえる。

建築模型は、実物の素材感を具象的にそのまま表現するものもあれば、さまざまな細部を捨象してそのコンセプトを抽象的に表現するものもある。坂野の模型の多くは後者であるが、建築家と議論してその建築のディテールを深く理解していたからこそ、徹底的な抽象表現であったとしても観者に想像力を喚起する表現になっているのだろう。そう思うと、坂野によって試作でつくられた、さまざまな色や素材が封入された透明感あふれる無垢のアクリルの塊は、なにかの建築のコンセプチュアルモデルのように見えてくる。

坂野正明と建築家の協働による建築と模型の共闘関係は、海外へ目を向けるとオランダのデザイナー・建築模型作家のヴィンセント・デ・ライク(Vincent de Rijk)と建築家の関係が近い。ヴィンセント・デ・ライクはOMAら多くの建築家のレジン(樹脂)の建築模型を手がけており、OMAのコンセプトにレジンモデルは最適な手法だといえる。

近年はCG技術が発達し、リアルな素材感などの表現も素早くできる状況にあるが、手間のかかる模型でしか伝わらない思考は、いまだ重要である。

坂野正明

(さかの・まさあき／1951~2019)

武蔵野美術大学工芸工業デザイン科卒業。山田照明、鈴木了二・フロムナウ勤務を経て、1979年、QUMA DESIGN WORKS 設立。大手ゼネコンや組織設計事務所をはじめ、各時代を代表する多くの建築家の模型を制作。QUMA DESIGN WORKSの試行錯誤は、建築の模型表現を先導し、新たな建築潮流をもたらした。

左、次頁右下、撮影協力：「坂野正明とQUMA DESIGN WORKS－建築模型の冒険－」(2024／kudan house)

坂野正明によるアクリル塊試作模型(次頁とも、模型制作：坂野正明・QUMA DESIGN WORKS)

カーディフ・ベイ・オペラハウスコンペ案（設計：長谷川逸子・建築計画工房／1994）
英国・ウェールズに計画された王立オペラハウス。透明アクリルでオペラハウスを囲い、かつて石炭業と造船業が栄えた周辺環境との関係を示す
（写真提供：長谷川逸子・建築計画工房）

物質試行15　放蕩模型（藤塚光政＋鈴木了二＋坂野正明／1985）
『都市住宅』の表紙デザインとして発表した6作品の一つ。模型の従属的な役割から解放され、模型が勝手に好きなところに出かけてしまうという意味が「放蕩」に含まれている

台湾総統府広場国際設計競技（設計：萩原剛／竹中工務店／2001）
アクリルで表現された施設やパーゴラなどを光で照らし、まるで宝石が広場に散らばるかのような表現を目指した

金沢21世紀美術館（SANAA／2004）
透明・不透明の構成によって、円形プランにちりばめられた多様な展示室のつながり方や中庭との関係性が明快に浮かび上がる

PART.10 | Polystyrene Foam

発泡ポリスチレン

「スタイロフォーム」に代表される発泡ポリスチレンは敷地模型の周辺建物の制作によく使われるが、そもそも建材として使われる押出法ポリスチレンフォームの断熱材である。簡単にカッターで削ったり、切り出したりすることができ、マッシヴなヴォリュームで思考するときには手軽な素材だ。3Dモデリングソフトの押し出しツールでつくられるような量塊の組み合わせによって、線・面的な発想の建築にはないマッシヴな建築のアイデアが生まれる。

● 木と光の積層 | Layers of wood and light「Let's Timberize! in 九州」展／2012
● 佐賀大学平瀬研究室 | Hirase Lab, Saga University
（模型制作：佐賀大学平瀬研究室） 模型の制作手順→P. 116

PART.10 発泡ポリスチレン | Polystyrene Foam

発泡ポリスチレンで立体的な構成を検討

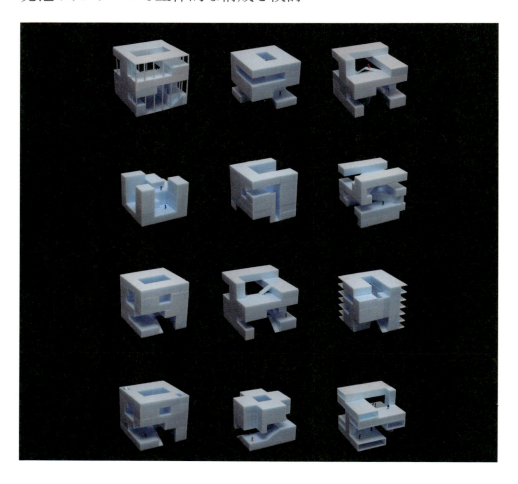

四つの機能を一つのヴォリュームに統合するにあたり、四つのゾーニングを確保しつつコラボレーションを促進する多様なスペースを内部に生み出すべく、立体的な構成が検討されたスタディモデル。中央のアトリウムのまわりには発泡ポリスチレンによってつくられたマッシヴなヴォリューム、上部には開放的なオフィス空間がリング状に並び、多様な場がつくられている。

● ローザンヌ大学国際スポーツ科学研究所｜International Sports Sciences Institute, University of Lausanne（ローザンヌ・スイス／2018）
● カラムーク＋クオ｜Karamuk Kuo

発泡ポリスチレンによる箱形ヴォリュームのスタディ

青木淳はさまざまな条件を整理したうえで、いくつかの可能性を探るために大量に模型をつくるという。この模型は、都市部の交通量の多い角地に建つ閉鎖的な箱型の構成の住宅「M」のために制作された発泡ポリスチレンによるスタディ模型。騒音対策とプライバシー確保のために極力開口の少ないコンクリートの塊となったが、大きくても目立たないあり方を探るためにつくられた99個の模型のうちの一つである。

● M(東京都／2012) ● 青木淳建築計画事務所(現在はASと改称) | Jun Aoki & Associates

発泡ポリスチレンによる引き抜きの造形スタディ

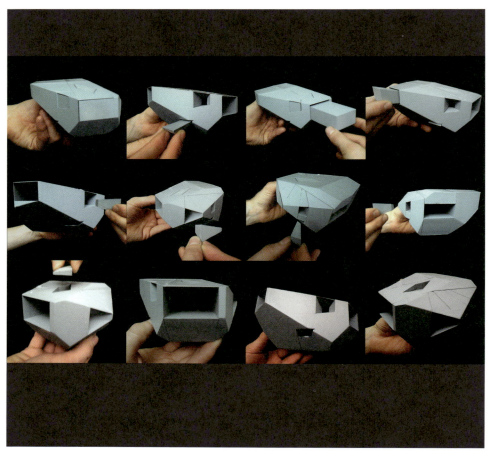

Courtesy OMA

ポルトガルのポルト中心部の南西に位置する、隕石を思わせる巨大なコンクリートのフォルムの音楽ホール。建物の核となるコンサートホールを取り巻くように配された小さな空間は、そのほとんどが通り抜け可能で、各部屋はメインホールと視覚的につながっている。発泡ポリスチレンによる引き抜きの造形スタディによって、ヴォイドとソリッドの関係による迫力ある立体的な空間構成が生まれている。

● カサ・ダ・ムジカ | Casa da Musica（ポルト・ポルトガル／2005）● OMA

Characteristics of Materials 10

発泡ポリスチレンの種類・特性

マッシヴさを表現する発泡ポリスチレン

ビーズ法ポリスチレンフォーム（発泡スチロール）は、容器や緩衝材、梱包材など幅広い分野で使われている。白くて軽いのが特徴で、石油からつくられた直径1mm程度の細粒状ポリスチレンビーズを発泡させてつくられるため、製品体積の約98％が空気で、原料はわずか2％の省資源な素材である。耐衝撃性はないが、カッターで簡単に加工できる。「スタイロフォーム」など押出法ポリスチレンフォームは、住宅用断熱材として最も一般的な素材である。水色（スタイロフォーム）、アイボリー（カネライトフォーム）、緑色（ミラフォーム）、発泡度が低く目の細かいグレー（ミラフォームラムダ）がある。

一般に15mm以上の厚さがあり、加工もしやすいのでマッシヴな表現に適している。

2種類のヒートカッター

ニクロム線を利用したスチロール素材専用切断機ヒートカッター（左）を使えば手軽に矩形や円のカットができるほか、ハンドスチロールカッター（右）を使えば凹凸など自由な形のカットが可能（参考製品：左＝プロフォームカッター／G-Too、右＝電源式スチロールカッター／白光）

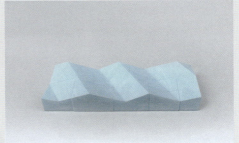

マッシヴな形のスタディ

カラムーク+クオ《シュプライテンバッハ・タウンホール》（2017）コンペ案の模型である。矩形平面の集合と、その全体をおおうジグザグ形状の屋根によって構成されている。発泡ポリスチレンでまず全体の屋根の形をつくり、それを矩形平面にカットすることで、マッシヴな形のスタディだからこそできる空間が生まれている

対比的な素材によるヴォリュームスタディ

ヘルツォーク&ド・ムーロン《エルプフィルハーモニー・ハンブルク》（2017）の初期スタディ模型。低層部の倉庫群をマッシヴな発泡ポリスチレン、上層部ホールのヴォリュームを線材という対比的なマテリアルで検討

Work Instruction 10
量塊を加算・減算してマッシヴな未来をつくる

《木と光の積層》は、新しい都市木造建築の可能性を探る
「Let's Timberize! in 九州」展(2012)に出展したプロジェクトである。LVLによる木の塊を積層させ、
必要な空間を掘り出すというアイデアを発泡ポリスチレン(スタイロフォーム)を積層することで加算的に表現している。

● 木と光の積層(2012) | 佐賀大学平瀬研究室

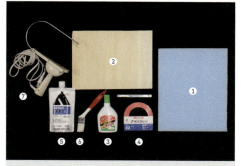

用意するもの：
①発泡ポリスチレン(スタイロフォーム)|②航空ベニヤ|
③接着剤(速乾アクリア、ボンドなど)|④両面テープ|
⑤ジェッソ|⑥ハケ|⑦ヒートカッター|厚紙(黄ボール紙)

1. 厚紙でガイドをつくり、発泡ポリスチレンに貼る

厚く硬めの紙でガイドをつくり、発泡ポリスチレン（スタイロフォーム）に両面テープで軽く接着する。ここでは黄ボール紙を使用した

2. ガイドに合わせて切る

ガイドとなる紙を上下両面に貼ると切断面が垂直になりやすく、きれいにカットできる。無理に力のかからないように型紙に沿って切る

3. テクスチャーを切り出す

発泡ポリスチレンに貼るテクスチャーを用意する。ここで使用した厚さ0.1mmの航空ベニヤはカッターで簡単に切り出すことができる。いい素材がない場合は紙にテクスチャーを印刷するとよい

4. テクスチャーに接着剤を付ける

3で切り出したテクスチャーに両面テープを貼り、中心部に速乾アクリアなどの接着剤を付けると発泡ポリスチレンに貼り付けやすい

5. テクスチャーを発泡ポリスチレンに貼り付ける

テクスチャーには両面テープが貼ってあるため、発泡ポリスチレンの端から接着剤がなじむように上から押すとよい

6. 発泡ポリスチレン同士を接着

発泡ポリスチレン同士を貼り合わせるには、ボンドなどの接着剤を塗り、全体になじませるようにする。接着剤が乾くのに少し時間がかかる

7. 発泡ポリスチレンを積層する

テクスチャーを貼った発泡ポリスチレンを積層し、ヴォリュームをつくる

8. ヴォイドとソリッドによる構成を形づくる

3Dモデリングデータの展開図をガイドとし蟻の巣のような空間をつくる

模型で描く「世界モデル」

鈴木了二

聞き手：
平瀬有人

世界モデルとしての模型

平瀬——鈴木さんのつくられる模型を拝見すると、アルミだったり、樹脂だったり、レリーフだったり、いろいろな素材を使っていますよね。どのように素材の選定をされているのですか？

鈴木——建築の表現というとちょっと大げさに聞こえるかもしれないけれど、明らかに建築の中に含まれるある種の考え方を取り出してはっきりとわかるように提示する方法というのは、もちろん一つだけではありません。それはそれぞれの作品が有する生成過程や環境に左右されます。例えば模型はあまりつくらなかったけれどひたすら図面で考え続けたもの、パースでばかり考えたもの、反対にあまりスケッチを描かずに模型ばかりつくったもの、などなどプロジェクトによって違います。

《物質試行37 佐木島プロジェクト》は、あまり模型はつくらなかったけれど、ドローイングをものすごく描いたプロジェクトの典型で、膨大なパースと図面がある。もちろん部分の模型はつくっているけれど、全体の模型スタディは、設計の途中でそれほどしていない。三次元じゃなくてレリーフ（浮彫り）のほうがいいような場合もあります。レリーフで効果を出すには素材も限られるけれど。また、特に模型のような三次元体の場合には、紙はもはや選択肢の一つでしかなくて、木や樹脂、金属を選ぶ場合も自然と多くなりますね。

模型は模型そのものとしても自律しているから、ここでは存在としてどんな素材が合っているか、建築が呼び出してくるようなところがある。実際に試して違うなと思う場合もあるけれど、うまくいくと、現物とは全然違う素材なのに、実際の感じを模型がよく表しますね。実物は打放しコンクリートなんだけれど、金属で模型にしたら、同じコンクリートの物質感が現れてきたりする。逆に、これを現物と同じコンクリートでつくったら、むしろ

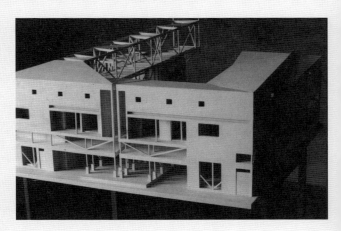

物質試行37 佐木島プロジェクト（1995）
面材は航空ベニヤ、線材はヒノキ棒でつくられた模型。木で表情を統一することで、構成のみならず物性を感じることができる。「My Favorite Things」展（BankART／2015）出展作品

キッチュでへんなものになるんじゃないかな。

　模型というのは、すごく面白いジャンル。模型はオブジェクティヴなものだから、彫刻とそう変わらないわけですよ。つまり、美術と建築の間なんです。だけど彫刻はそれが答えで、作品としてはそこが究極のエンド。それに対して、建築の模型というのは、それ自体がエンドではなく、現物は常に先送りされているわけじゃない？　そこが決定的に異なる。

　そこに模型を定着させる気持ちよさがある。それは、建築の模型だけが得られる独特な面白さですね。僕が《DUBHOUSE》に関心があるのは、模型でありながら1分の1模型という感覚でつくっているからでしょうね。「1分の1模型？　それは建築のことでしょう」と言われても、それで構わない（笑）。

平瀬――――たしかに模型というのは、世界モデルという言い方をしますよね。

鈴木――――そういう力がモデルには確かにありますよね。現物は先送りされた世界なんだけれど、すでに視覚的にモデル化されている。世界や規範とばっちり連動しているのが建築のモデルなんですね。建築には、それ自体世界モデルでもあり得るという部分があって、それを模型であったり、実際の住宅であったり、いろいろなスケールで実現していく。モデルというのはレオナルド・ダ・ヴィンチが描いたような、いわば世界観なんだよね。トポロジーの研究者もよく概念図を描きますが、あれも一種のモデルなんだと思います。

平瀬――――《物質試行50　下田の住宅》（2009）の紙の模型はどういうスタディであいうものができてきたんですか？

鈴木――――《下田の住宅》を設計しているとき、いろんな条件が重なっていままでになくシンプルなプランニングになったんですね。多くの住宅は室の組み合わせだから、どこかで分節されながらつながっている状態になるんだけれど、ここではそれが全然ないような厚みのない滑らかなひとつなが

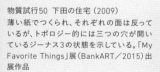

物質試行50　下田の住宅（2009）
薄い紙でつくられ、それぞれの面は反っているが、トポロジー的には三つの穴が開いているジーナス3の状態を示している。「My Favorite Things」展（BankART／2015）出展作品

物質試行51 DUBHOUSE (2009)
《下田の住宅》と《DUBHOUSE》はどちらも「三つのヴォイド=穴を有する空洞である」ことにおいて同相であり、間口と奥行きと高さのプロポーションが違うだけで、あとはほとんど同じ構成となっている。「建築はどこにあるの?」展(東京国立近代美術館／2010)出展作品

物質試行51 DUBHOUSE (2009)
《下田の住宅》をベースに長手を長く、間口を狭く、高さを低く変形し、建築と模型の曖昧な接点をインスタレーションで表現している。床の強化ガラスには鈴木による絵画が映り込み、《物質試行24 絶対現場》(1987)を想起させる。「建築はどこにあるの?」展(東京国立近代美術館／2010)出展作品

りの表面のような方向に向かっていった。それで途中から、意図的に室の組み合わせを外そうと意識して一枚の紙を折り返して成り立つように構成し直したんです。この模型が出来上がったとき、プランニングをこのまま引きのばしても壊れないというか、プロポーションを壊しても性質が変わらない原理、というか新しい発見に違いないと思って、《DUBHOUSE》と名付けたわけです。音楽のリズムの増幅を「DUB」と言うならば、建築の膨張・圧縮もそう言えるのではないかと。かなり、思い込みではあるんだけど(笑)。

《下田の住宅》の工事中に、「建築はどこにあるの?」展(東京国立近代美術館／2010)に《物質試行51 DUBHOUSE》を出品し、その後、《下田の住宅》が完成しました。この2作品は同一の図面を、X方向に圧縮、Y方向に引きのばしたもので、それぞれプロポーションもスケールも違うんだけれど、不思議に何か共通する性質がありましたね。これならプロポーションやスケールが破綻してぐにゃぐにゃしていても本質的な特性は変わらず大丈夫かなと思いました。僕のスケッチもちょっと角が丸くなっていたり曲面みたいなままでにないものをいろいろと描いてみた。すると同じ部位であっても外部と内部はまるで異なる不連続空間のように見えたので、一枚の紙で裏表をつくるのではなく、それぞれ別々の面としてつくってみようと。同一の壁なんですが、別々の面として。ところが、つくっているうちに、面がよれても充分に大丈夫だと思えてきたんですね。実際にこの住宅に行ってみた体感も、そのほうが合っているような感じもする。

僕たちがつくる模型の素材は、そのつど違うんですが、一番紙っぽいのがこの《DUBHOUSE》ですね。厚紙ではなく、薄い紙を使ったヴォイドです。それぞれの面はある程度反っていても、大小の中庭として利用されている三つの穴・ヴォイドが開いているということさえ押さえておけばいいんだという考え方です。もっとぐにゃぐにゃにした三つの穴が開いている、いわゆる位相幾何学っぽい模型もつくれるんだけど、そこまでやると行き過

ぎちゃう。そうなりかかっている状態があの模型。

　無理を承知でトポロジー的にいえば、《DUBHOUSE》は球に三つ穴が開いた状態。1階の中庭に面した二つの穴に加えて、屋上のデッキも上にも空いている穴の一つにカウントすれば、この建築には三つの穴が開いていることになる。ということは、つまり、三つの穴が開いたジーナス3の世界モデルが《DUBHOUSE》であるとも言えますね。

平瀬———以前、模型には世界モデルと単なる模型とがあって、鈴木さんは単なる模型をつくっている感覚はないと書いておられましたね（「オールオーヴァと空隙の出合い」『建築文化』1998年12月号）。

鈴木———そうなんですよ。単なる模型で終わってはつまらないと思いますね。ルネサンスの世界モデルをつくるような感覚で模型をつくるといいですよね。プレゼン用に普通の模型だけつくっていると、模型の本当の面白さみたいなものが削げ落ちてしまう。

　「My Favorite Things」展（BankART／2015）で展示した模型も、いわゆるクライアントに向けた模型はほとんどありません。むしろ仕事が終わったあとに自発的に勝手につくっている。誰かに頼まれたものじゃないんですよ。われわれの考え方をよりきちんと出すための方法や素材を選ぶから、かなり特殊なものも使っています。自腹でやりますから自分たちのやりたいようにつくれる。現場のプロセスで新しく浮上してきた問題にも対応できるしね。

　他のジャンル、例えば美術の世界には、模型というものはないんですよね。なぜならそれ自体が作品だから。でも、建築の模型は気軽に作品とは呼ばせないところがある。模型自らは作品であることを否定して潔く身を引き、しかし存在感はある、というような（笑）。その姿勢が格好いいですよね。多分そんな感じが好きなんですよ。でも、実際に建っているものの模造品としてだけでは終わりたくないから、模型独自の何かを発信したくなる。

　ドローイングもそうですね。ドローイングは手で描くもので、もちろん現物とは違うでしょう。でも建築のプロセス、つまり建築を考えているなかで出てきているわけだから、そこには何かがある。建築は実際に建っているものだけじゃない。模型とドローイングの間にこそ建物があるわけですよ。たとえ実現しなかったとしても、そこには何かがある。それが意外と貴重だし、僕はそこが好きなんですね。もう竣工した建築なのに、どうしてなのか（笑）そのあとわざわざ1、2カ月かけて模型をつくることもあって、いったい自分は何をしているのかな、と思うこともあるんだけど、そうせざるを得ないんです。

模型から発見する

平瀬———ある本で池原義郎先生が「研究室で設計をしていて、授業に

行く前にふっと模型を置いて、授業から戻って来て、またそれをみると気分が乗ってくる」と書いておられました。「『模型』は気分を乗せるための模型である」と。

鈴木――なるほど。まさに、その通りですね。われわれにとって模型とは気分を乗せるための乗り物であり、そして、動力です。模型を少し置き直すだけで重要なことに気がつくことだってある。模型の中から何かを発見するという期待があるからこそ、僕たちはつくるんだと思います。

建築ができるとみんな安心して、竣工写真を撮っておしまいというのが普通かもしれないけれど、しかしそうとは限らず、終わったときにまだ謎があると思うときがある。いい建物ほどそう。それを少しでも解明したい、もっと深く入りたいと思うわけ。だから、建築が出来上がったあと、また自分なりに解釈し直して模型をつくり直してみる。そうすると、「こういうことだったんだ!」という気づきがあるんです。

建築というのは「答え」じゃなくて、竣工したあとから始まるものなんだと感じますね。自分でつくっているんだからわかるはずでしょう、と言われるけれど、実際はわからないことがいっぱいあって、むしろ謎は深まっていく。

僕たちの若いときはみんな模型に関心を持っていて、いろんな材料が使われた時期がありました。アーキグラムやスーパースタジオが注目されていた時代で、普通の模型をつくるだけではもの足りないような意識があった。かつて出版されていた建築雑誌『都市住宅』の表紙デザインを担当したときに、《物質試行15 放蕩模型》と称した作品を発表したこともありますね (P. 109)。その後もいろいろな方法や素材がどんどん試みられていくと思っていたけれど、最近はなぜかみんなちょっと保守的になって、白い模型ばかりですよね。でも、物性が面白いといってやたらとそれを見せるとこれもまたダメなんですよ。むしろ物性を殺していかないと本当のモノの力は出ない。これは建築も模型もそうですね。

平瀬――本書の趣旨は、マテリアルからデザインがインスパイアされることもあるのではないか、という視点が出発点なんです。例えば流動的な石こうやモルタルのようなくり抜き型のヴォリュームは全然考え方が違いますよね。面や線の組み合わせ、リートフェルトみたいな考え方ではなくて……。

鈴木――たしかに、パーツではなく塊で考えて、ヴォイドを抜く/抜かないといった操作をするだけで中と外の関係が変わりますからね。われわれのヴォイド/ソリッドに対する考え方からすると、石こうでつくるほうがいい場合もある。パーツで考えると、やっぱり床・壁と分かれちゃう。パーツで分けて接続させるというのは近代的な方法で、建材から模型材料まで一貫してパーツ化されてしまっているけれど、本当はそれと建築とは本質的に違うと思うんですよね。ゴシックもロマネスクも、床・壁はパーツ化されていなくて、全部シームレスにつながっている流し込み系で、ひとかたま

『都市住宅』1986年1月号。写真家・藤塚光政、建築模型作家・坂野正明とともに《放蕩模型》6作品を1年にわたり発表した

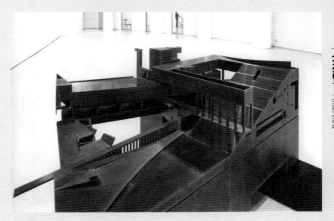

大津町第二庁舎・町民交流施設（1991）
金属のように見えるが、厚さ5mm程度の黒いアクリルをサンダーで研磨することでパーツ同士の目地をなくし、一つの重厚感ある塊をつくりだしている

りになっている。近代的にパーツで考えるだけでは、思考の幅が狭くなってもったいない。床・壁・天井を同じ材料でシームレスにつくるほうが、いまは新鮮ですね。

平瀬─── ポルトガルだと、アイレス・マテウスはそういう視点ですよね。

鈴木─── 僕もマテウスが大好き（笑）。アルヴァロ・シザからソウト・デ・モーラ、マテウスまで、3世代通じて継承されていますよね。あれは単なる流行とは違う。本質的です。ポルトガルって、やっぱりすごいですよ。近代建築以降の新しい建築があそこにあると言えるんじゃないかな。マテウスはヴェネチア・ビエンナーレなど展覧会でもけっこういろいろと見ましたけれど、ヴォイド／ソリッドという方向、要するに建築は分節化された床・壁・天井ではないという考え方で、すごくいいよね。設計手法、表現方法も非常に本質を突いている。石こうも桁外れにけっこう大量に使うし、まさに模型材料の使い方もスケールも常識的なものとは違う。

　日本でもパーツ主義でなかった作家のものはなかったかとさかのぼると、立原道造にどうやら行きつくと思うんですよ。2014年に出版した『寝そべる建築』（みすず書房）で立原道造論を書いたとき、立原のスケッチから僕が勝手に読んだのだけど、彼は明らかにそういう関心がありますよね。パーツ化とは違う考え方があるというようなことを言っている。でも、当時から日本は丹下健三さんをはじめみんなパーツ主義でしょう。だから、いま見ると歴史は立原からいきなりシザに接続しているような気がするんですね。いまになって立原を見ると新鮮です。

　ポルトガルは小さい国だというけれど、それはピント外れで、ポルトガルって巨大な存在ですよ。一度は世界の全部が終わってしまったことを知っているというような。次の歴史は、そこから始まると思う。それは建築だけじゃなくて、写真、映画もそう。映画はオリベイラがいて、そのあとペドロ・コスタがいて、ミゲル・ゴメスがいて、これも建築と同じく3世代継

物質試行20　麻布EDGE（1987）
量塊を感じさせる鉄でつくられた模型。実物はコンクリート造の建築であるが、建築の外周を取り巻くようにらせん状につくられた外部階段の存在が鉄によって力強く表現されている。「My Favorite Things」展（BankART／2015）出展作品

物質試行23　標本建築（1987）
撤去寸前のバラックを標本化することで、すでに存在するものをあえて縮尺や素材を真鍮に変換しながらレリーフのモデルとして再構築している

承されている。しかも、ポルトガルは1974年までサラザールの独裁政権で、それまで完全に抑圧されていた。革命のただなかを経験し、その後、約40年間にこの3世代が築かれたのだから、すごい。ポルトガルは侮れませんよ。

パーツ主義からの脱却

平瀬―――最近いろんなヨーロッパの若手建築家の言説を読んだり作品集を見たりすると、例えばスイスだと、ヘルツォーク&ド・ムーロンの弟子世代のクリスト&ガンテンバイン、それからベルギーだとケルステン・ゲールスとか、スペインだとバーバス&ロペスとか、彼らの文章を読んだりすると、「モダンとかポストモダンは全然興味がない。それ以前である」と言うんですよ。非常に面白いなと思いますね。

鈴木―――僕もその観点から、建築の歴史をもう一度見直そうと思っています。戦後の日本建築はパーツ主義で始まっていて、丹下健三はその典型ですね。すばらしい作家だけれど、やっぱりパーツ。ところが、戦前にさかのぼると、そうじゃないのがいるんだよ。例えば後藤慶二はゴシックについて言及していて、鋳物型の建築に取り組んでいる。日本の戦前史を見直すと、その系譜がたしかにあるんです。

でも戦後はほとんどないですね。パーツにとどまらない建築を考えているのは1970年以降に生まれたいまの世代が初めてじゃないかな。戦前から現在まで、その間がぶっ飛んでいると思いますね。戦後、いろんな流派が出てきたけれど、パーツ主義といえば、みんなそれで括られてしまう。結局、パーツのプロポーションで思考されたものばかりでしょう。近代マスセールスに対応した大量生産型の思考パターンの外には出られない。さっき、僕が引き合いに出したトポロジーというのは、いわば、くり抜き型の考え方。そういう考え方が戦前の日本の建築の中にもあったというのは、きちんと言いたいですね。

世界史の見方だって、近代のほうからばかり見るからパーツ主義になってしまう。様式の分析も分析の方法そのものがパーツ的なんだよね。19世紀以降の歴史観が中心だから、そうならざるを得ない。そうではなく、もっとさかのぼってソリッドとして見直すと、建築の歴史が変わると思います。

いままでの模型の見方があまりに一面的であるという批評性と、模型を変えると世界の見方が変わるという二つの視点をきちんと打ち出したいところですね。模型というのは世界の見方そのもの。模型をパーツ化してつくっている限り、常に建築はパーツ化してしまう。言い換えると、どこまでもジャンクの山。そこに攻め込んだら、世界の認識を掌握できるんです。

鈴木了二（すずき・りょうじ）

建築家、早稲田大学栄誉フェロー・名誉教授

1944年、宮城県生まれ、東京都育ち。1968年、早稲田大学理工学部建築学科卒業後、竹中工務店設計部勤務。1970年、fromnow建築計画事務所設立（1982年、鈴木了二建築計画事務所に改称）。1977年、早稲田大学大学院修士課程修了。1997〜2015年、早稲田大学芸術学校教授。2004〜2010年、早稲田大学芸術学校校長。2015年、早稲田大学名誉教授。

おもな作品

物質試行20 麻布EDGE（1987）

物質試行37 佐木島プロジェクト（1995、日本建築学会賞）

物質試行42 池田山の住宅（2001）

物質試行45 神宮前の住宅（2003）

物質試行47 金刀比羅宮プロジェクト（2004、村野藤吾賞、日本藝術院賞）

など

おもな著書

『非建築的考察』（筑摩書房）

『建築零年』（筑摩書房）

『建築映画 マテリアル・サスペンス』（LIXIL出版）

『寝そべる建築』（みすず書房）

『ユートピアへのシークエンス』（LIXIL出版）

など

物質観を
研ぎ澄ます

内藤 廣

聞き手：
平瀬有人

アイデアを探る

平瀬———内藤さんのつくられるさまざまな模型を、いつも興味深く拝見しています。今日は、設計のプロセスのなかで内藤さんが模型をどう位置づけ、どんな経緯でつくられているのか、お聞きしたいと思っています。建築を発想する最初の段階では、どんな模型をつくることが多いのでしょうか？

内藤———僕の場合、気分次第ですね（笑）。《日立市新庁舎》（2013）のコンペでは油土で模型をつくったし、《静岡県草薙総合運動場体育館》（2010）のコンペ案は小さなビンの蓋からスタートしました。折り紙でつくることもあるし、つくり方は特に決めていません。

平瀬———草薙のコンペ案は小さなビンの蓋から始まったんですか？

内藤———コンペの前、なかなか案がまとまらず、正月休みの最中もどうしようかと思っていたんですが、そばにあった小さなビンの蓋のアルミ箔をなにげなく触っていたら、アルミ箔の襞が気になってきた（笑）。そうしているうちに、この襞のように考えれば木材の曲面がつくれそうだというロジックが組み上がってきたんですね。

コンペの前は、「うまくいかないな」「どうしようかな」とずっと考えているわけです。そんなとき、ひょっとしたらこうかもしれないと思いつくと、模型をつくってみる。そうやって手を動かすと、すべてがうまくまとまる瞬間があるんです。頭の中で考えるだけでは、なかなかそこまでたどりつきません。

平瀬———同時にスケッチみたいなものも描いたりするんですか？

内藤———このときはスケッチも描きましたね。

平瀬———休み明けに、それをスタッフに渡して具現化していくんですね。

内藤———そうですね。ずいぶん前のことになるけれど、僕が菊竹清訓事務所に勤めていたころ、正月休み明けに菊竹さんから模型をもらったことがあります。「内藤さん、これでつくってくれ」と手渡されたのは、余った年賀はがきをハサミで切って、セロハンテープで留めたような模型。でも、それを見ると菊竹さんが何をやりたいかがよくわかるんです。

僕らは常にアイデアのチャンスを探しているんでしょうね。神様がアイデアをくれるようなことは、いつも期待できるわけじゃない。なにげなく描いたいたずら描きや模型から始まることもある。アイデアが出るときは、むしろ、まわりに便利な素材がないときのほうが多いかもしれません。

考えるプロセスとしての模型

平瀬———《ギャラリーTOM》（1984）の模型は、とても小さな油土の模型ですね。

日立市新庁舎コンペ案（2013）
油土模型。低層化して街や海に開いた、市民を迎え入れるかたちとして木造の大屋根が積層する扇形の造形を、周辺敷地から連続した油土によって表現している（制作：内藤廣）

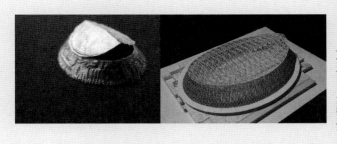

静岡県草薙総合運動場体育館（2010）
ビンの蓋（左／制作：内藤廣）の柔らかいアルミ箔から得た発想から、髪のような木架構によって楕円形の平面をつくり出すアイデアが生まれた。上部を抜き取った丸い部分を二つ折りにした天井には、トラスを掛けることを想定。このコンセプト模型を元に計画した実施案の模型（右）では、大屋根を支える256本のスギ集成材の木の柱が建物外周にリング状に連なり、大規模な無柱空間をつくり出している。大屋根は80×60mの大スパンを鉄骨トラスとしている

ギャラリーTOM（1984）
鉄筋コンクリート打放しの独立初期のプロジェクトで、小さな油土模型ながらつくっているうちに全体像や構成のロジックが組み立てられた。手を動かして模型をつくっているうちに案がまとまったという（制作：内藤廣）

安曇野ちひろ美術館（1997）
建築とランドスケープ・公園のつながりを検討するために表現した模型。敷地との関係を検討するにあたり、ボードの積層で作成した模型にあらわれる等高線のラインが消えるよう、油土を用いている

内藤———— 油土を使うのは、たいていヤケになったときです（笑）。この模型をつくったのも、そんな理由だったんじゃないかな。この模型はまだ保管してありますよ。独立当初に手がけた仕事の一つだし、ここで得た反省の気持ちを忘れないために（笑）。

《安曇野ちひろ美術館》（1996）のときは、建物とランドスケープの両方を設計しなくてはならなかったから、当然、敷地模型をつくるわけですが、例えば1000分の1でコンタラインをつくると、どうしてもシマシマな模様が模型に出てきてしまう。コンタラインが目立ってしまうのが嫌だったので、油土を使ったんです。

平瀬———— 油土でつくったのは、地形との関係が一番大きいということですか？

内藤———— そうですね。油土は硬くて手が痛くなるから、なかなか使わないけれど、本当はもっと使うといいのだろうと思います。学生にも勧めたことがあるけれど、使いたがらないんだよね。手が汚れると言って（笑）。

平瀬———— 吉阪隆正さんも、いろいろな油土模型をつくられていますよね。

内藤———— 丸い形をした《箱根国際観光センター競技設計》（1970、P. 87）は、吉阪さんが油土のかたまりをパンとぶつけてできた形から最初のイメージがつくられたと聞いたことがあります。一方、レオポルドビル文化センターの国際コンペ（1959、P. 67）は、石こうでつくっていますね。吉阪さんは考えるための道具、考えるプロセスの一つとして模型をとらえていたのではないでしょうか。

模型で本気度を示す

平瀬———— 普段、スチレンボードは使いますか？

内藤———— やはり便利だから使います。でも、施主に説明するため、所員が理解するためにつくっているようなところがあります。考えるときは、スケッチを描いたり、紙を折ったりしていますね。会議がつまらないとき、まわりに見つからないように紙を折り曲げて小さい模型をつくることもあり

海の博物館 (1992)
架構を考えるにあたり、意匠のコンセプトを伝えるためにつくられた模型。構造設計者の意見を求めるためのコミュニケーションの手段という役割を果たした

ますよ (笑)。

平瀬——— 小さい模型でも、そこにアイデアの大半が含まれているんですね。

内藤——— そうです。でもそれは、僕のよくないところかもしれません。もちろん、500分の1の縮尺で敷地と建築の関係を検討する模型はつくります。でも、もっとダイナミックに、大きな縮尺の模型で建築を考えていく必要もあるのかもしれない。

平瀬———《海の博物館》(1992、P.20) でつくられたような木の架構モデルは展覧会用につくられたのですか？

内藤——— そうです。展覧会に出すのは、それまで数十個つくった末に出来上がった完成形です。木は手間がかかるからスタディの段階では使いませんね。

　でも《海の博物館》のときは、構造家の渡辺邦夫さんとの打ち合わせの前に、木でコンセプトモデルをつくりました。この模型を見た渡辺さんは、「建築家というのは構造のことは何もわかっていない」と説教するんだけど (笑)、それでスイッチが入ったと思います。僕らの考えを模型で伝えることで、「ここはダメだから、こうしたらいい」と具体的に考え始める。僕らは渡辺さんを本気にさせるために模型をつくっているところがあったと思います。模型というのは、その人の本気度を測るコミュニケーションの手段でもあるんです。

　自分で考え納得しているものを自分の中から引っ張り出し、それをスタッフやまわりの協力者に理解してもらう。さらにそれを技術的にステップアップさせ、最終的にクライアントに伝え、コミュニケーションをとる。いろいろな段階や場面で、模型が果たすべき役割があると思います。

　草薙の体育館にしても、初めにつくった小さなビンの蓋の模型を見せて、「これでどうですか」と知事に提案したら、おまえ馬鹿かと言われるに決まっている (笑)。そういう模型は、あくまでも僕の中から最初に出てきたイメージです。それを少しずつ具体化していくプロセスのなかで、それぞれの目的でつくる模型があるんです。

スチレンボードは強過ぎる

平瀬——— 僕はスイスの設計事務所に1年間滞在していたのですが、向こうではスチレンボードが手に入りません。だからといって、硬くて厚いボール紙は切るだけでものすごい労力がかかります。だったら石こうを型に流し込んで模型をつくるほうが簡単だという感覚が、彼らにはあるような気がするんですね。

そういう環境にいたことで、日本の現代建築が生まれる背景にはスチレンボードがかなり大きな影響を与えているのではないかという仮説を抱くようになりました。日本では簡単に入手できるから、教育の現場でも深く考えずにスチレンボードを使っていますが、そういうスタディの思考にはあまり深みがないのではないか。それが、この本の発想のスタートです。

内藤────たしかに、鉄骨みたいな部材が反復していくような建築を考えるには、スチレンボードはいい材料だと思います。ひょっとしたら木よりもいいかもしれない。

でも、RCみたいに可塑的な材料で建築をつくるときは、粘土で考えたほうがいいと思います。例えば、大きなスパンの梁の模型を100分の1の縮尺でつくるとき、粘土を使ったら垂れてしまうじゃないですか。粘土はコンクリートの組成と似ているところがあるから、そういうことがわかる。でもスチレンボードでつくると、100mのスパンだって成立しちゃう。スチレンボードに問題があるとしたら、それは自重に比べて剛性があり過ぎることかもしれませんね。あらゆる意味においてスチレンボードは強過ぎる。あんな理想的な材料は現実の世界にはないから、勘違いが生じてしまうんです。

例えば、水槽の中で波をシミュレーションするとき、実際の波の大きさは再現できないから、現実のスケールと結び付ける計算式に乗せて行われます。建築の模型にもそういう方程式があれば、もっとリアルに考えられる。コンクリートに比べ、粘土や石こうはどのくらい強いのか、もしくは弱いのか。粘土や石こうを使うなら、どのくらいの縮尺にすれば、コンクリートの強度に近いシミュレーションができるのか、構造の専門家と一緒に考えられると面白そうですね。模型の目的と素材の組成と連動させながら、この場合は粘土を使おうというふうに頭が働くようになるでしょう。模型の素材を選択する意味が明快になる。

手を動かすことで育つ感覚

内藤────土木デザインを紹介する展覧会「グラウンドスケープ展」（2003）のときは、ダムや橋梁などの周辺の地形をコルクでつくろうと僕が言ったものだから、東京じゅうのコルクを買い占めることになったんですよ（笑）。土木の設計は地面と格闘していく側面があるから、地面のヴォリュームや厚みを表現することに膨大なエネルギーを費やしてもいいんじゃないかと考えました。学生諸君は大変だったと思いますが（笑）。

東京大学にいたころ、中井祐さんと一緒に、巨大な永代橋の模型を学生につくらせたことがあります。永代橋の原図の青図に描かれた尺貫法の寸法をすべて解釈し直して、20〜30人が2〜3カ月かけて幅4〜

土木の新しいデザインの潮流を示す「グラウンドスケープ展」(2003)の展示作品。地形模型をボリューム感や厚みを感じさせるコルクで制作している。地中は空洞ではなく、全て積層した塊でできている

1926年、震災後復興事業により再建された永代橋。田中豊や太田圓三が設計した原図から寸法を読み解き、縮尺1/10または1/20の模型を制作する学生課題。蔵前や錦帯橋なども制作している。ジョイントや部材を考えるための模型

卒業設計《オメガ計画》1974
多摩川沿いの敷地をコルクで制作。スチレンボードで制作された建築は全て壊れてしまったが、この敷地模型は現在も残っている（制作：内藤廣）

5mの模型をつくりました。図面をきちんと読むと、この鉄骨はこうねじれていたのかと発見することもあるし、模型をつくるためにどんなジョイントが必要なのか、部材の意味を一つずつ考えなくてはならない。教育的にもよかったと思いますね。

平瀬─── 内藤さんが学生のとき、例えば卒業設計ではどのような模型をつくりましたか？

内藤─── 敷地模型はコルク、建物はスチレンボードでつくりました。建物の模型は壊れてしまったけど、敷地模型はまだ残っているんじゃないかな。いま振り返ると、卒業設計から「グラウンドスケープ展」まで、つながっているのかもしれませんね。村野藤吾さんや丹下健三さん、前川國男さんの卒業設計を見たときも、晩年まで変わっていないと思いました。人間の基本的なところは、一生変わらないのかもしれません（笑）。

模型について考えるうえで、とても大事なことがあると思うんです。例えば、僕らが小学生のころはナイフで鉛筆を削っていたから、ときどき手を切ったりする。でも、怪我をすることでわかることがあるんですよ。いまの子どもたちのように、手を使わずに育ったまま、パソコンとマウスだけで建築を設計していくというのは問題があると思う。

模型をつくると、いろんなことが起きます。僕も学生のころ、鈴木恂さんの事務所でコンペの手伝いをやっていて、手に深く刃を入れたことがある。3晩ぐらい徹夜して、空が白んでくる夜明けに鮮血が飛び散った。それはシュールな風景でした（笑）。

もちろん、手を切ればいいというものじゃないけど、三次元のヴァーチャルな世界でシミュレーションができる時代だからこそ、モノに触る、模型をつくるという文化は絶やさないほうがいい。木の模型をつくれば、木に対する認識ができてくるし、粘土を使えば、可塑的な材料に対する感覚も育ってくる。そういう機会を失うべきではないと思います。

内藤 廣(ないとう・ひろし)

建築家、東京大学名誉教授

1950年、神奈川県生まれ。1976年、早稲田大学大学院修士課程修了。フェルナンド・イゲーラス建築設計事務所(スペイン・マドリッド)、菊竹清訓建築設計事務所勤務を経て、1981年、内藤廣建築設計事務所設立。2002年、東京大学大学院教授。2011年、同大学名誉教授。2023年、多摩美術大学学長。

おもな作品

海の博物館(1992、日本建築学会賞)

牧野富太郎記念館(1999、村野藤吾賞)

島根県芸術文化センター(2005)

日向市駅(2008)

静岡県草薙総合運動場体育館(2015)

高田松原津波復興祈念公園 国営追悼・祈念施設(2019)

紀尾井清堂(2021)

など

おもな著書

『内藤廣の頭と手』(彰国社)

『内藤廣設計図集』(オーム社)

『建築の難問——新しい凡庸さのために』(みすず書房)

『建築家・内藤廣 BuiltとUnbuilt 赤鬼と青鬼の果てしなき戦い』(グラフィック社)

など

考える道具
としての模型

青木 淳

聞き手：
平瀬有人

ルイ・ヴィトン　御堂筋店 (2007)
大阪が水の都であることから、水の流れが感じられる少しゆがんだ縦方向のルーバーを検討している

大宮前体育館 (2014)
事務所の入り口に並ぶスタディ模型の数々。屋上の室外機をどうカバーするか、さまざまな素材で検討した

スタディ模型しかつくらない

平瀬────青木さんは、一つのプロジェクトに対して異なる質感の模型をつくられていて、またその表現も多様であることに大変関心を持っています。建築を考えるにあたり、模型をどのように位置づけているのでしょうか。

青木────私たちがつくるのはスタディ模型ばかりで、プレゼンテーションのための模型はほとんどありません。設計初期、スケッチを描くのと同じような意味で模型をつくるので、素材にはあまりこだわりません。打ち合わせの最中に、スタイロフォームや紙をパパッと切って小さな模型をつくり確認します。でも私自身がつくることはほとんどなくて、実際につくるのはスタッフです。模型をつくるのは好きなんですが、なかなかそうもいかなくて（笑）。

平瀬────「建築がうまれるとき　ペーター・メルクリと青木淳」展（東京国立近代美術館、2008）で住宅《M》のスタディ模型 (P.113) を拝見して、その量塊感に非常に興味を持ちました。お施主さんとの打ち合わせでも、こうした模型でお話をされるのでしょうか。

青木────そうですね。でもこういう模型は、方針が固まったらすぐに処分してしまうので、残っていないんですよ。展覧会をやることになったとき、ちょうど《M》を設計している最中だったので、スタディ中につくった模型を一切合切並べることにしたんです。

平瀬────《ルイ・ヴィトン　御堂筋店》(2008) の模型もそうですが、手に載せられるくらいのスケールでつくることが多いのですか。

青木────はい。このくらいのサイズでいろいろ試してみる段階が一番好きですね。アイデアによって、素材もつくり方も違う。プラスチックや金網、コンクリートでつくることもあります。《ルイ・ヴィトン　御堂筋店》は少しプレゼンテーション的で、僕らの模型としてはやや特殊な例かもしれません。

これらは《大宮前体育館》(2014) の屋上にある室外機をどうカバーするのがいいのか検討したときの模型です。

平瀬────いずれも同じ家形ですが、いろいろなパターンで検討をされていますね。本書でも紹介しているヘルツォーク&ド・ムーロンの《プラダ ブティック青山店》(2003、P.105) も、同じ形の模型をいろいろな素材で精密につくり、スタディされていました。

青木────そういうことをしたくなるというのは、よくわかります。その素材を建築に使いたいというより、それがどう存在して見えるかどうかを確認する。さらに、そこで見えたものをどうつくっていけばいいのかを考えていくんですね。

模型の形や素材が放つもの

平瀬——青木さんのスタディ模型は、彫刻におけるマケットやテストピースのように位置づけられるのではないかと思いました。例えば彫刻家の若林奮さんの、それ自体が制作過程のマケットのような小さな作品。そういったアプローチを建築でやられているのが青木さんなのではないかと。

青木——彫刻とは少し違うかもしれないけれど、何かを感じさせるものでありたいとは思いますね。例えば、若林さんの作品を構成する鉄や金属の板の重なりに向き合うと、その場が持っている何かを感じることができるように、建築の模型であっても、できるだけそうありたいという気持ちです。

この模型は波打つ紙を重ねたようなものが、どうやったらできるのか見極めるためにつくった模型です（左上写真）。

平瀬——とても面白いですね。この模型も具体的なプロジェクトにつながっているんですか。

青木——これをつくるきっかけになったプロジェクトはあったと思いますが、何だったかな（笑）。中にスペーサーを入れたりしているんですよ。この鉄のキューブは《O》（1996）の模型です。

平瀬——すごい、日本ではなかなか見られない存在感ですね。また、ハトロン紙を使った模型もありますね（《ハトロン紙の家、イメージ模型》2010）。これはどういう意図でつくられたんですか。

青木——本当にペラペラなものでつくってみたいと思ったんですね。薄い紙でギリギリ立つ素材で思いついたのが、昔の文庫本にかぶさっていたようなハトロン紙。布はやわらか過ぎるからジェッソを塗ったりしないと自立しない。薄い素材となると、やはり紙ですね。

平瀬——青木さんは、画家の杉戸洋さんと何度か協働されていて、《ぽよよんな小屋、イメージ模型》（2010）なども制作されています。杉戸さんの作品についてはどのようにとらえていますか？

青木——この模型は「青木淳×杉戸洋　はっぱとはらっぱ」展（2011、東日本大震災の影響で中止）に向けてつくったものです。彼はかっちり出来上がったものではない、少し揺らいでいるというか、角に少しすきまがあいていたり稜線が少し斜めになっていたりするような、ルーズなものに対する興味があって、ゆがんだ家の絵を描こうと考えていたんですね。僕は、杉戸さんのそういう思考に強く共感して、ゆがんだ家をつくってみようと思いました。

建築は止まっている状態が標準ですが、展覧会のための建築であれば、本当にゆらゆらしてもいいんじゃないか、揺れるものをつくるにはどんな方法があり得るのか考えてみようと、いろんな模型をつくりました。いいなと思う揺れ方もあれば、つまらなかったりこわかったり、いろんな感じの

薄い紙を積層したスタディ模型

O（1996）
スタディ模型。クロムメッキを施した鉄のキューブ

ハトロン紙の家、イメージ模型（2010）
ハトロン紙という極薄の素材によって自立する透過する家

ぽよよん土管（2016）
厚さ6 mmと9 mm、幅1.5 mの鉄板3枚をボルト接合した奥行き4.5 mの空間。スタディ模型（右）では、「ぶるるん」ではなく、「ぽよよん」という長い周期の揺れ方を検討した

揺れ方があるんですね。

その後、鉄板でつくった《ぽよよん土管》（2016）では、どのくらいの粘り気というか反発力があれば「ぽよよん」とした揺れになるのか、まずは紙で検討しました。そして構造的な検討から9 mmと6 mmという鉄板の厚みが決まり、さらに運搬の制約から、工場で1.5 m幅のO字形リングを制作し、現場で三つのリングをボルトで接合することになった。一つのリングでは相当揺れるけれど、3枚で固めることで「ぽよよん」と揺れる土管が出来上がりました。

建築の行先を確認する

平瀬——以前青木さんは、「模型はよく使う。毎日のように、いま考えていることを模型にして、それをじっと眺めて果たしてこれはちゃんといい方向に成長しているのかどうか、それを自分の感覚に聞いてみる」（『建築文化』1999年11月号）と書かれていたのが印象に残っています。事務所の入り口にもスタディ模型が並んでいますね。

青木——そうですね。いつも目につくようにしているんですが、こうして見ると、モルタルを打設したり、お椀形の樹脂に銅線を入れて固めたり、水晶を立ててみたり、いろいろやっています。

最初はこういう小さな模型でスタディするけれど、ある程度プランが固まってきたら、模型をつくる意味が変わってきます。どんな建物になるのかをチェックするために模型をつくるので、スケールが大きくなる。

この段階になると壁厚もスケールに対応しなくてはならないので、スチレンボードを使うことになるんだけれど、スチレンボードでつくると、どんな空間になるのか意外とわかりにくいんですよ。白くて光が少し透けるから、光や影の状態がわからない。黒い紙を貼って光を遮断したりしないかぎり、実際の空間を想像しなくてはならないんです。木造の外壁にFRP防水して、全体を包み込むような建物を考えたときは、ねずみ色に塗ったボール紙の模型で検討しました。

スケッチした平面や断面が面白そうだと思っても、模型を見て違うと

ぽよよんな小屋、イメージ模型（2010）
「青木淳×杉戸洋 はっぱとはらっぱ」展（青森県立美術館）で計画した「ぽよよんな小屋」スタディ模型（東日本大震災の影響で展覧会は中止）

思ったら、ボツになります。模型として何か可能性を感じられるものができれば、これで進んでいけると思えるんです。

平瀬——《濱江多目的センター》(2018)でも、相当な量の模型を制作されています。外壁はレンガですか?

青木——敷地は高速道路に面しているので、多少汚れても風合いの出るクラシックなレンガタイル仕上げにしました。同じ大きさのタイルでも、それらを貼るパターンによって目地の幅や表情が大きく変わるから、いろいろな貼り方を検討しました。

平瀬——こうした実施設計の段階でも、初期の模型に立ち戻るようなことはあるのでしょうか。

青木——ありますね。建築は、頭の中だけでなく、実際に立ち上がることを前提にしているから、このまま進めていくとどうなるのか、不安なときがある。だから、ここに向かっていけば大丈夫というものが一つ必要なんですよ。それは実施模型とは限らなくて、金属でもいいし、何かの塊でもいい。ここで何をやろうとしているのか迷ったときに、この模型の感じになればうまくいくと確認できるもの。建築をつくる行先の目印ですね。

　この建築はどのような存在であるのか、それをどうつくっていけばいいのか、その目標地点が明確だと安心できる。模型はそのためにつくるものでもあるんですね。どんな素材でつくろうが、建築と模型は違うものなので、それを見て想像できる力も必要です。模型はその素材も含め、建築の目的を考える道具なんです。

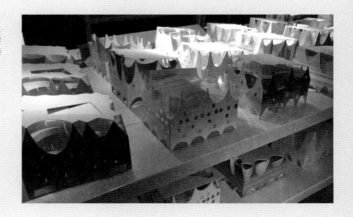

濱江多目的センター(2018)
台北松山空港(台湾)に隣接する敷地に立つ複合施設。150mm角のレンガタイルのパターンをスタディした模型群(撮影協力:建築倉庫)

青木 淳（あおき・じゅん）

建築家、京都市京セラ美術館館長、東京藝術大学名誉教授
1956年、神奈川県生まれ。1982年、東京大学大学院修士課程
修了。磯崎新アトリエ勤務を経て、1991年、青木淳建築計画事
務所（2020年、ASに改組）設立。2019年、東京藝術大学教授。
2019年、京都市京セラ美術館館長。2024年、同大学名誉教授。

おもな作品

潟博物館（1997、日本建築学会作品賞）
LOUIS VUITTON NAGOYA（1999）
青森県立美術館（2006、日本建築学会作品賞）
杉並区大宮前体育館（2014）
三次市民ホール きりり（2014）
京都市京セラ美術館（2019、西澤徹夫と協働、日本建築学会作
品賞）
など

おもな著書

『フラジャイル・コンセプト』（NTT出版）
『JUN AOKI COMPLETE WORKS』1・2・3巻（LIXL出版）
『原っぱと遊園地』1・2巻（王国社）
『青木淳 ノートブック』（平凡社）
など

写真クレジット

- Archive Miguel Marcelino
072
- Aalto Arts
018 上
- Adrian Deweerdt
040 下
- Adrian Michael
096 上
- AS
132 上, 133 下, 134 下
- Atelier Frei Otto Warmbronn
043
- Atelier Tsuyoshi Tane Architects
050 上
- Beat Bühler
064 下
- Boltshauser Architekten
064 上
- Cobe
062 上
- Conradin Clavuot
030
- Daici Ano
050 下, 113 下
- David Chipperfield Architects
052 上
- Do Ho Suh
045
- Filip Dujardin
100 下
- Gerry Johansson
052 下
- Hans Werlemann
067 下
- Heatherwick studio
057 上左
- Herzog & de Meuron
017 上, 057 下左, 105 上右, 115 下左
- HHF architects
065 上
- Hisao Suzuki, "Col·lecció RCR BUNKA"
058 上
- Hoebele
078 上右
- Hufton + Crow
017 下

- Husky
106 上
- Iwan Baan
041 下, 065 下
- João Rey
101 下
- Jussi Tiainen
018 下
- KARAMUK KUO
112 上, 115 右
- Laura Stamer
082 下
- Laurian Ghinitoiu
112 下
- LETH & GORI
015, 082 上
- Matt Carbone Photography
028 下
- Micha L. Rieser
068 上
- Nacása & Partners
055
- Novartis
029 下
- OMA
105 下, 114 上
- Pezo von Ellrichshausen
073
- Rasmus Hjortshoj-COAST
062 下
- Roger Frei
100 上
- Simon Menges
063
- SO-IL
041 上
- Thomas von Arx
078 上左
- 青木淳
113 上, 133 中, 134 上右
- 淺川敏
046 上
- 安藤忠雄建築研究所
074 上
- 伊東豊雄建築設計事務所
051

- 井波吉太郎
031 上
- 内田芳孝
066 下右
- 大野繁
109 下右上
- 大橋富夫
057 上右, 074 下, 102 上, 109 上, 123
- 木奥恵三
029 上
- 北田英治
075
- 篠原研究室
083 上
- 謝欣芸
134 上左
- 彰国社写真部
008, 011 上・中, 012, 014 上, 019 下, 020
下, 024 下右, 026, 028 上, 034 下右, 038,
040 上, 046 下右, 047 下段, 048, 053 下,
058 下右, 060, 067 上, 068 下右, 070,
071, 078 下右, 080, 085 下, 088 下右,
090, 093, 095 下, 096 下右, 097 下段中・
右, 098, 102 下, 106 下右, 107 下段右, 110,
116 上, 117 下右, 124 下, 127 下
- 彰国社編集部
132 下, 133 上
- 鈴木了二
054 上, 118 〜 120, 124 上
- 副田和哉
084 下
- 多比良敏雄
084 上

- 東京大学景観研究室
129, 130 上
- 内藤廣建築設計事務所
020 上, 126, 127 上・中, 128, 130 下
- 中川敦玲
036, 037, 044 上・下右, 056 下中・右,
092 上, 104 下左・中
- 長谷川逸子
103 下
- 長谷川逸子・建築計画工房
103 上
- 平瀬有人
011 下, 014 下, 019 上, 031 下, 032, 033
上, 044 下左, 057 下右, 077 下, 086 下
右, 088 上, 092 下, 105 上左, 109 下右下,
114 下, 135
- 藤塚光政
021 下, 109 下左
- 宮本佳明建築設計事務所
053 上
- 山岸剛
054 下
- U 研究室
085 上, 087 下
- 吉田香代子
021 上
- 吉村行雄
034 上
- 六反田千恵
108

*本文および上記に記載のないものは、佐賀大学平瀬研究室提供

模型制作協力

峰沙由梨・外尾昂之・松本季大・原田良平・中川圭司・宮野弘詩・副田和哉・時裕太・福嶋有希・村上尊由・荒牧優希・今利育美・
内藤沙耶・堤夕記
ほか歴代の佐賀大学平瀬研究室学生

編集協力

アクリルショップ　はざいや　https://www.hazaiya.co.jp/ | 石膏像ドットコム　https://sekkouzou.com/
ボークス ホビー天国オンラインストア　https://hobby.ec.volks.co.jp/ | レモン画翠オンラインショップ　https://lemongasui.net/

おわりに

　日本の建築教育・設計の現場でつくられる建築模型は、スチレンボードによる白模型がほとんどである。手に入りやすくつくりやすい素材であるが、抽象的な面の構成の域を出ることが難しいと実感したのが、この本をつくるきっかけだった。スチレンボード禁止本、と称して世界のさまざまな模型の事例を集め始めたが、素材の特性を最もよく伝えられる事例の選定に思いのほか時間がかかってしまった。さらに、素材ごとにつくり方のプロセスを紹介したほうがHow to本としては理解がより深まるだろう、と素材ごとにサンプル模型をつくることになり、その作業にさらに時間が費やされ、構想から出版まで膨大な時間がかかってしまった。

　しかしながら、さまざまな紆余曲折を経て集められた事例は、いずれも素材から導かれた建築デザインだと言えるものばかりで、きっと読者の琴線に触れるのではないかと思っている。急速にデジタル化の進む建築教育・設計の現場では、「模型で考える」ことはなかなか難しいかもしれないが、この本をきっかけに改めて模型の重要性を感じてもらえればと思う。

　最後に、長期間にわたり根気よく本にまとめる作業を担っていただいた彰国社の神中智子さんには深く感謝します。神中さんの助力なしにはこの本は成立しなかったと思います。グラフィックデザイナーの中野豪雄さんには大変わかりやすいレイアウトのほか、この本の趣旨が一瞬で明快に伝わるカバーと表紙のデザインをしていただきました。また、貴重な模型写真を惜しみなく提供していただいた世界中の建築家の方々やインタビューに快く応じていただいた御三方、サンプル模型の制作にご協力いただいた学生のみなさんには、この場を借りて御礼申し上げます。

2024年12月
平瀬有人

著者略歴

平瀬有人(ひらせ・ゆうじん)
1976年生まれ。早稲田大学理工学部建築学科卒業、同大学院修士課程修了。博士(建築学)。文化庁新進芸術家海外留学制度研修員(在スイス)。佐賀大学准教授を経て、2023年より早稲田大学芸術学校教授。yHa architects共同主宰。共著書:『図解 建築プレゼンのグラフィックデザイン』(鹿島出版会)、『〈世界〉としての窓──演劇、絵画、映画、そして建築』(早稲田大学出版部)。主な受賞:グッドデザイン賞、日本建築学会作品選集、SDレビュー朝倉賞、日本建築設計学会賞ほか。

模型で考える　素材が導く建築デザイン

2025年2月10日　第1版　発　行

編著者	平	瀬	有	人
発行者	下	出	雅	徳

著作権者との協定により検印省略

発行所　株式会社　彰国社

162-0067　東京都新宿区富久町8-21

電　話　03-3359-3231(大代表)

振替口座　00160-2-173401

自然科学書協会会員
工学書協会会員

Printed in Japan

© 平瀬有人　2025年
印刷・製本:壮光舎印刷

ISBN 978-4-395-32214-5　C3052　　https://www.shokokusha.co.jp

本書の内容の一部あるいは全部を、無断で複写(コピー)、複製、およびデジタル媒体等への入力を禁止します。許諾については小社あてにご照会ください。